KB230820

대학에서의
성인학습 지원

대학에서의 성인학습 지원

김지일 · 이지혜 지음

목차

I

들어가면서

이 책의 주요 내용은 김지일과 이지혜가 함께 쓴 연구보고서 「평생학습 중심대학 육성사업 단기 교육과정 개발 연구」(2010), 「전문대학의 선행학습평가제도 도입 연구」(2011)에 기반하고 있음을 밝혀 둔다. 이 연구에 도움을 주신 가천대학교 채재은 교수님과 가톨릭대학교 김경이 교수님께 감사드립니다.

평생직장에서 평생직업체제로의 변화와 주 5일 근무제, 여가시간의 증대와 같은 사회 변화로 인하여 평생학습의 중요성이 부각되고 있다. 이러한 평생학습의 중요성이 부각됨에 따라 내학 평생교육이 역할이 중요한 과제가 되었다. 이에 내학은 이런 시대적 요청에 부응하여 성인들의 평생학습권을 보장할 수 있도록 변화해야 한다. 현재 대학 평생교육원에서 운영하고 있는 학위와 자격 취득 프로그램으로는 학점은행제, 독학학위제 등과 시간제 등록과정, 국가 및 지역 공공단체, 산업체 위탁 지원 과정 등 매우 다양하게 진행되고 있다. 그럼에도 불구하고 대학 평생교육원은 지역 특성과 주민의 요구를 반영한 프로그램이 부족하다. 이에 평생학습 사회 실현을 위한 대학의 변화가 요구된다(최돈민, 2008). 현 정부의 "평생학습의 생활화"라는 핵심 정책에 따라 대학은 성인학습자를 대상으로 지역 특성에 부합하는 교육 프로그램을 개발해야 한다. 이는 대학이 지역 실정에 맞는 교육패러다임을 정립하고 지방이 갖고 있는 공동체 특성을 살려 경제성장과 사회 안정을 교육을 통해 해결할 수 있는 전문성을 갖고 있기 때문이다(한국직업능력개발원, 2002).

현재의 성인 학습자를 위한 대학 부설 평생교육원은 전문화·특성화된 성인학습 프로그램의 미비로 지역 주민들의 교육 수요를 만족시키는 데 한계가 있다. 대학은 정부와 지자체의 정책적 배려가 필요한 주민을 주 대상으로 평생학습 프로그램을 운영하여 언제 어디서나 필요한 교육을 받는 열린 학습기회를 제공해야 한다. 우리나라는 인적 자원의 양성 및 활용에 관한 지역적 편차가 심한 것으로 나타나고 있다. 더욱이 지역을 고려하지 않은 획일적인 인력양성 및 활용정책은 불균등한 사회적 자본을 재생산하며 지역격차, 편견, 갈등이 심한 우리나라의 경우 지역 및 계층 간의 격차를 심화시키고 있다. 지역발전을 위한 인재육성의 중요성이 점차 증대되고 있는 사회적 상황에 맞추어, 교육환경의 물적 기반이 미약한 지방은 지역 실정에 맞는 인재육성 프로그램을 개발·실행하여 창조적 지식기반을 구축해야 한다. 이에 본서는 평생학습을 통한 재교육 프로그램으로 지역인재의 외부유출을 방지하고 지방의 경쟁력 강화 및 지역사회의 재생에 목적을 두고 지역인재 개발의 필요와 학습자의 요구에 부응하는 대학 중심의 지역 특화된 평생교육 프로그램의 개발 방향을 제시하고자 하였다.

II

대학 기반의 평생교육 동향

1. 평생학습진흥 종합계획

우리나라는 2007년 제2차 평생학습진흥 종합계획을 수립하여 전 국민의 평생학습력 신장과 국가경쟁력 제고를 위한 평생학습 추진 로드맵을 개발하였다. 평생학습진흥 종합계획은 "배우는 즐거움, 일 구어 가는 내일, 함께 살아가는 평생학습사회 구현"을 비전으로 평생 학습 기반을 공공연히 하여 국가 경쟁력을 높이는 지식근로자를 육 성하고 평생학습 사회를 실현하고자 2008년부터 2012년까지 5년간 국가 차원에서 추진할 주요 평생학습 정책을 제시하고 있다.

주요 정책 영역으로는 개인의 생활시간과 생애주기를 고려한 수요 자 중심의 생애단계별 창조적 학습자 육성, 평생학습 추진기관, 추진 내용의 수평적·수직적 연계를 고려한 평생학습 네트워그 전략을 중 점 추진 전략으로 채택하였다. 이러한 비전을 담은 평생학습진흥 종 합계획의 로드맵은 다음 [그림 1]과 같이 정리할 수 있다.

정책 영역	주요 추진 과제
생애단계별 창조적 학습자 육성	1. 평생학습 중심대학을 통한 성인전기·성인중기 평생학습의 내실화 추진 2. 고령사회를 대비하는 성인후기 평생학습의 구체화 3. 전문대학을 활용한 일터-학습 연계 강화 4. 재직자 평생직업능력 향상을 위한 기술계학원 활용 극대화 5. 지역사회 평생학습 문화 확산을 위한 「지역과 함께하는 학교(초·중등)」 사업 추진 6. 군 평생학습체제 구축 및 활성화
사회통합을 위한 평생학습 관련기관 참여 및 연계 확대	1. 저소득층, 장애인 등 소외계층을 위한 평생학습 기회 확대 2. 다문화 가정, 새터민 등 신 소외계층을 위한 평생학습 안전망 구축 운영 3. 문해교육 등 성인 기초능력 향상 교육의 체계화 및 실질화 4. 풀뿌리 민주시민교육 및 참여교육을 통한 지역공동체 실현 5. 중앙-지역 단위별 평생교육서비스 네트워크 활성화
평생학습인프라 구축 및 네트워크 활성화	1. 평생학습 추진 체제 개편 및 정책 조정 역량 강화 2. 평생교육 전담 인력의 직업적 전문성 확보 및 배치 실질화 3. 평생학습도시 확산 및 내실화 추진 4. 평생교육서비스 제고를 위한 국가평생교육정보망으로서 「국가평생학습지도」 구축 5 국가자격체제와 학습계좌제의 연계로 교육훈련-자격-학력이 동등하게 인정받는 능력사회 구현 6. 국제 파트너십 구축과 평생학습의 국제교류 및 협력사업 확대 7. 즐거운 학습문화 확산을 통한 평생학습의 내재화 및 생활화

[그림 1] 평생학습진흥 종합계획 로드맵

대학과 관련한 주요 정책을 요약하면 다음과 같다.

1) 평생학습 중심대학을 통한 성인전기·중기 평생학습의 내실화 추진

☞ 평생학습 거점기관으로서「평생학습 중심대학」운영

성인 전기 및 성인 중기 학습자 중심, 지역 특성을 반영한 대학의 교육과정 개발 및 개방적 학사체제 개편을 유도한다.

○ **성인전기(20~39세):** 생애설계·취업·진로교육, 직무기초능력교육(팀워크, 리더십 교육 등), 직업윤리교육, 직무능력 전문화 교육, 부모역할교육, 자녀교육
○ **성인중기(40~54세):** 은퇴 후 생애설계교육, 직업 재적응교육, 민주시민역량교육(지역문제해결, 시민교육, 자원봉사교육)

☞ 평생학습 중심으로 대학 운영의 근본적인 패러다임 변화 유도

○ **1단계 시범 도입기('08~'12):** (전문)대학과 기업, 지자체, 시민사회단체 등이 네트워크를 통해 성인전기·중기 학습자대상 교육과정 운영
○ **2단계 확산·발전기('13~):** 학령기 학생 중심의 대학교육 과정 변화를 유도하는 모듈화된 표준화 교육프로그램 확산 및 독자적인 준학위과정 (diploma, certificate) 등 대안적 고등교육 학위체제 운영
○ **3단계 고등교육기관의 체제 변환기:** 평생교육학부 설치 등 성인 학습자 중심의 대학 운영 모형 창출

☞「대학부설 평생교육원」운영 내실화

정부는 대학의 평생교육원이 전담교수 확보, 전문 인력 배치 등 조

직 개편을 꾀하고 소외계층을 위한 평생·직업교육 과정을 운영하도록 유도한다. 일례로 정부는 대학부설 평생교육원 활성화 사업과 같은 지원을 실시하고 있다. 이 사업은 교육과학기술부가 대학과 지역 평생교육기관 간 네트워크를 통해 지역 평생교육의 질적 수준제고 및 학습결과 인증 기반을 조성하기 위해 실시되었다. 취지는 평생교육에 대한 일반 국민들과 사회적 인식 수준이 여전히 낮고 참여 확대에도 어려움이 많은 가운데, 지역 수준에서 지역 사회문제해결과 지역 혁신을 위한 평생교육을 꾸준히 실천해 오고 있는지를 살피는 데 있다. 특히 '학습, 고용, 복지, 문화'를 연계하고, 소외계층에 대한 평생교육지원 시스템을 통해 지역사회 평생교육 발전에 기여한 실적이 많고 지속적인 추진 의지와 성과를 보인 경우, 지원을 받을 수 있었다.

☞ 대학의 전문역량에 기반한 「평생학습정책중점연구소」 지정·운영
다음과 같은 목적의 평생학습 정책 중점 연구소 지정 운영 사업이 진행 중이다.

○ 성인교육 중점 대학(adultiversity)모형 등 중장기적 평생학습정책 연구·개발
○ 시간제 등록생 제도 개선을 통한 학제의 유연성 제고
○ 시간제 등록제 별도반 운영, 학점 취득 제한 완화 및 정규대학 재학생과 동일한 학자금 지원 방안 마련 등
○ 평생교육 프로그램 확충을 위한 대학 교양 교육과정 개편 권장
○ 생애설계(취업·진로교육), 직업윤리교육, 직무기초능력 향상교육(팀워크, 커뮤니케이션, 리더십 교육), 부모역할교육 등

2) 고령사회를 대비하는 성인 후기 평생학습의 구체화

생애 제2전환기, 성인후기, 성인완성·정리기에 대응하는 평생교육 프로그램의 전문화 및 활성화를 추진한다. 또한 인문학 교양교육, 지역사회 참여교육, 환경변화 적응 및 세대 간 적응 프로그램 등 평생교육 프로그램을 특화하여 관련 부처 및 각종 노인 관련 시설에 공급한다.

○ **생애 제2전환기(55~59세)**: 은퇴 후 생애설계교육, 건강교육(심리적 위기 극복 및 노인질환 대비 교육), 여가교육(지역사회 참여교육, 인문학 교양교육 등)
○ **성인 후기(60~69세)**: 노후 커리어 관리 교육, 노후 건강 관리 교육, 세대 간 통합 교육, 여가교육(사회 봉사활동 교육)
○ **성인완성·정리기(70세 이상)**: 생애 정리 교육, 기본생활 적응 교육, 여가 교육(사회관계 개선 교육)

3) 전문대학을 활용한 일터-학습 연계 강화 및 지역사회 평생학습 프로그램 활성화

전문대학은 고등직업 교육 기관으로 직업세계와 관련된 우수한 인적·물적 자원을 보유하고 있어 고등단계의 직업 교육을 원하는 성인학습자들에게 있어 가장 유용한 교육시설이다. 이를 잘 활용하기 위해 학위 중심의 경직된 수업 연한 체계를 벗어나 다양한 장단기 자격 과정을 개설, 운영하고 자격과정과 학위 과정 간 연계 시스템을 구축하려는 등의 정책을 추진 중이다. 그 세부 내역은 다음과 같다.

○ 고졸 경력자들의 전문대학 정원 외 입학 허용을 통한 입학 확대
○ 고졸 산업체 경력자(25세 이상 또는 2년 경력자)의 정원 외 입학 허용
○ 특성화된 평생 · 직업교육기관으로서 「평생학습중심전문대학」 운영
○ 고졸 경력자들의 전문대학 정원 외 입학 허용을 통한 입학 확대
○ 고졸 산업체 경력자(25세 이상 또는 2년 경력자)의 정원 외 입학 허용
○ 특성화된 평생 · 직업교육기관으로서 「평생학습중심전문대학」 운영
○ 직업 기초능력교육, 직무능력 향상 교육 등 재직자, 실업자, 전직자 창업준
  비자의 능력 향상 교육을 특화하여 제공
○ 산학협력 취업약정제(협약학과)를 통한 진학 · 취업 병행 활성화
○ '산업체 위탁교육' 활성화로 재직자 교육 기회 확대
○ 학급 구성을 위한 최소 인원 기준 폐지, 재직 경력 요건 완화
○ 전문대학의 일과 학습 병행 지원 프로그램 강화
○ 재직자의 접근성을 고려한 다양한 프로그램을 운영하는 「찾아가는 전문대학」
  시범 운영

4) 재직자 평생직업능력 향상을 위한 기술계 학원 활용 극대화

　　노동시장의 변화와 지식 기반 사회로의 진입은 지식의 빠른 변화에 창조적이고 유연하게 대처할 수 있는 근로자를 요구하고 있다. 이를 위해서는 근로자의 취업 능력을 유지 개선할 수 있는 계속 학습기회가 근로 생애에 걸쳐 지속적이고 보편적으로 제공될 수 있는 제도적 장치가 필요하다. 이러한 필요성에 근거하여 다음의 사업들이 추진 중이다.

○ 민간 평생·직업교육기관으로서 기술계 학원 육성
○ 우수 학원 홍보 및 노동부 직업훈련프로그램과 연계하여 프로그램 수강 시 관련부처와 협의하여 고용보험기금 지원범위 확대 검토
○ 직업계 기술학원을 「학원법」에서 「평생교육법」상 기관으로 전환
○ 성인 대상 평생·직업교육학원이 생애단계별 근로환경 변화에 신축적으로 대응할 수 있는 특화된 평생·직업교육시설로 육성

5) 지역사회 평생학습 문화 확산을 위한 「지역과 함께하는 학교」 사업

「지역과 함께하는 학교」 사업 추진을 통한 지역 평생학습센터로서 학교역할 재정립, 학교-지역 연계 평생교육 운영 모형 개발·확산한다.

○ **제1유형(학교단독형)**: 학교 단독으로 평생교육센터를 설치하는 등 학부모·지역주민을 위한 지역사회교육센터의 역할 수행
○ **제2유형(학교 간 연계형)**: 인근 지역의 학교들이 연계하여 학교 간 특성화 프로그램, 지역 공통문제 해결을 위한 프로그램을 개발·공유
○ **제3유형(지역기관·단체·학교 파트너십형)**: 기초지자체, 시민사회단체, 대학 등이 학교와 파트너십을 구축하여, 참여 주체 간 협약을 맺고 공동으로 사업 추진
○ **제4유형(마을학교형)**: 농산어촌의 폐교나 지역의 마을회관 등을 활용한 지역주민을 위한 한글교실, 주말학교 등의 평생교육 프로그램 운영

6) 군 평생학습체제 구축 및 활성화

군 평생교육 정책을 군 내부에 국한하지 않고 국민의 군대라는 정체성에 걸맞게 군 외부로 지평을 넓혀 가려는 노력들이 모색되고 있다. '군 평생교육 정책'은 글로벌 국제 사회에서 대한민국 군이 국제 경쟁

력을 갖추는 데 목적을 두고 다음과 같은 지원 방안을 추진 중이다.

○ 지역 평생학습과 연계한 군 평생학습체제 구축 운영
○ 군과 지역 단위 평생학습관, 평생교육단체, 시설과 연계·협력하여 평생학
  습 자원·프로그램 공유 및 활용
○ 군 e-러닝 포털서비스 체제 구축·운영
○ 군 복무 중 On-line을 통해 어학학습 등 자기개발과 대학 학점 취득을 위
  한 사이버학습 지원시스템 구축
○ 군 복무 중 군 교육훈련과정 이수자에 대한 학점은행제 학점 취득 활성화
○ 평가인정 군 교육훈련과정 확대를 통한 학점은행제 및 대학의 학점 취득
  기회 확충
○ 군 복무 중 자격 취득 기회 확대 추진
○ 군인들에 대한 국가기술자격 취득 기회 확대 및 부처 간 연계를 통한 국가
  기술자격 필기시험 면제 확대 지속 추진

2. 대학 평생교육의 국제 동향

1) 영국

영국은 1980년대부터 정부 주도하에 대학의 성인계속교육의 역할
을 강조해 왔다. 이는 급감하는 18세 인구 감소로 인하여 계속 교육,
성인 학생, 시간제 학위 프로그램을 육성하려는 목적을 갖고 있다(이
성회, 2009). 영국은 고등교육을 전반적으로 확대하기 위하여 대학에
서의 단기교육, 단기고등교육 확대와 강화를 주요 정책으로 추진하고
있다. 이에 일본과 같이 단기고등교육을 통한 자격을 학위의 일종으
로 자리매김 하기 위한 노력도 기울이고 있다. 특히 영국은 기존의

학사학위 프로그램과 별도로 성인 학생을 위한 Higher National Diplomas/ Certificates와 Foundation degree 같은 직업교육 중심의 과정을 정부차원에서 장려하고 있다. 이는 성인 학습자를 겨냥한 직업 교육위주의 2년제 학위 프로그램이다(이성회, 2009). 영국의 단기고등교육은 주로 기술 영역과 전문 직업 영역으로 한정되어 있으나, 최근 들어 학사과정으로 편입하기 위한 코스로 증가되는 경향이 있다. 또한 대학의 체제적 정비로 공적 평생학습 시스템을 확립해가고 있는 추세이다.

2) 미국

미국은 지역주민의 요구에 부응하여 대규모 고등교육기관으로 커뮤니티 칼리지를 개발하였다. 이는 공립단기대학으로 주별로 이러한 커뮤니티 칼리지와 같은 공립 기술교육기관의 강화를 주 목적으로 하고 있다. 이에 연방정부 수준에서 고등교육 2년분의 장학금과 세액공제 등의 지원책을 추진하고 있다. 1960년대부터 커뮤니티 칼리지는 학위 취득, 기술, 재교육, 자격증 취득, 고학력화를 목적으로 일반 성인과 직업인을 대상으로 새로운 교육 프로그램을 설치하였다. 이후 1973년 카네기 고등교육위원회의 보고서에서 학위 과정 중심의 전통적인 대학교육 방식을 비판하면서 평생교육적 시각에서 대학 성인교육의 가능성과 역할을 제시하였다.

최근 미국의 대학 평생교육의 특징은 첫째, 정규 학생 교육 운영과 비정규 학생 교육 운영을 통합적으로 관리하는 구조로 개편되고 있다. 즉, 대학의 전체 행정 구조 안에 평생교육을 위한 교육 협력 체제를 인성하고 있다. 또한 한 주 지역 내에 형성되어 있는 여러 캠퍼스

간에 네트워크를 강화해 가고 있다.

둘째, 1970년대 이후부터 시간제 성인 학생들의 학위 취득 과정을 완화하기 위하여 캠퍼스 출석 요구가 축소되고 있다. 원격 교육이나 시험을 통한 학점 이수, 실습 학점 등을 인정하여 출석의 문제를 해결하고 있다. 이를 통하여 성인의 학위 취득 기회가 확장되고 있다.

셋째, 정규 학생 이외의 일반 주민들에게 다양한 비학점제 과정을 개방하고 있다. 여성 교육, 공개 강좌, 소외 계층 교육, 노인교육, 교정 교육, 지역사회 인력 교육 등 다양한 강좌가 운영되고 있다.

3) 종합

위와 같이 성인학습자를 위한 단기고등교육의 체제 개편은 국제적 동향이다. 이와 관련하여 단기고등교육의 진전과 국가로서의 강화책이 강구되고 있다. 초기의 직업기술교육, 대학편입교육, 문화보급 등의 다양한 기능을 완수하는 대학의 평생학습 체제는 미국을 중심으로 발전하였으나, 학습 대상자를 확대하고 다양한 내용의 성인 학습 기회를 확대한다는 차원에서 미국을 제외한 유럽의 여러 국가에서도 대학의 평생교육 체제가 변화되고 있다. 특히 이러한 변화는 영국에서는 두드러지는 전개를 보이고 있으며, 종래에 기술교육의 특별화라는 독자적 발전을 보인 캐나다에서도 미국과 유사한 발전과정이 전개되고 있다. 무엇보다 전 세계적으로 대학을 중심으로 단기 고등 교육과정을 통하여 학습사회실현, 평생교육체계의 요구에 부흥하기 위한 체제로 개편되고 있다는 점이 주목할 만한 점이다. 또한 교육비 차원에서도 공공자금을 투입하고자 하는 것이 국제적 동향으로 보인다.

3. 대학 평생교육의 국내 동향

지식기반사회, 전문가사회의 도래와 함께 우리나라의 고등교육 체계는 엘리트중심형에서 대중형, 보편형으로 발전되어 가고 있다. 한국의 고등교육 진학률은 1992년 이후 55.3% 이상으로 현재 약 80% 수준에 이르고 있어, 보편화 단계에 이르렀음을 알 수 있다.

〈표 1〉 국내동향

단계	교육대상자	교육목적	진학률
엘리트 단계	한정된 소수	교양교육과 전문인 양성	~15%
대중화 단계	일정능력을 지닌 자	사회의 요구에 부응한 직업준비교육	~50%
보편화 단계	모든 이	고도산업사회에 적응할 수 있는 시민 교육	50%~

이러한 고등교육의 보편화로 대학 진학이 보편화되었고 대학 구성원들의 학습 요구도 고도화·전문화되고 있다. 이러한 사회적 요구로 인하여 대학 내부에서 평생교육에 대한 관심이 급증하고 있다. 또한 대학이 정규 학력층뿐 아니라 성인 학습자들을 망라하는 다종다양한 교육적 욕구를 수렴 충족시키기 위한 대중교육체제의 기능을 요청받고 있다.

급변하는 사회 환경은 대학의 위기로 다가온다. 학력기 학생이 감소하고 고등교육의 보편화로 인하여 대학들 간 학생 확보 경쟁이 필연적으로 발생하고 있다. 이에 대학은 학력기 학생 외의 사회 일반인을 대상으로 하는 성인대학(adult university)으로 변모하고 있다. 즉, 대중을 위한 성인고등교육을 실시하는 교육기관이 되었다(윤여각 외, 1999).

이러한 요구를 수용하여 최근 학점은행제와 시간제 등록제 등 다양한 평생교육 차원의 대안적 교육제도가 활성화되고 있다. 특히 이와 관련된 법제 기반이 공고화되면서 각 대학 평생교육원들이 관련 과목을 개설하여 운영하고 있다. 이는 평생교육 차원에서 대학의 문호를 개방하고 대학 평생교육 활성화를 도모하는 새로운 요인이 되고 있다.

또한 성인학습자가 가장 선호하는 교육기관은 대학인 것으로 나타났다(최돈민 외, 1999; 권두승, 2001; 최운실, 2003). 이는 대학 평생교육에 대한 지역주민의 수요와 선호도가 높음을 보여주고 있다. 그러나 우리나라의 성인 취학률은 선진국에 비해 매우 낮다. 특히 30~40대 성인의 평균 교육 실적은 상대적으로 낮은 편이다. 따라서 이들을 대상으로 하는 다양한 유형의 대학 평생교육 프로그램의 확대와 다양화가 요구된다. 특히 지식 기반 사회에 대응하고 생존하기 위하여 평생학습을 통한 자기계발과 직업능력개발이 절실한 실정이다(최운실, 2004).

대학은 지역 사회 중심 교육기관으로 우수한 교육시설과 교수 요원을 갖춘 기관이다. 따라서 대학이 보유하고 있는 인적 · 물적 자원을 보다 적극적으로 활용해야 한다는 요구가 확대되고 있다. 즉, 대학은 지역의 교육, 문화, 체육 시설일 뿐 아니라 고도의 인적 자산과 네트워크를 지닌 조직으로 지역의 다양한 교육요구의 충족뿐 아니라 지역사회의 제반 교육을 창조적 · 핵심적으로 이끌어 나갈 시대적 · 사회적 책무성이 있다(최운실, 2004).

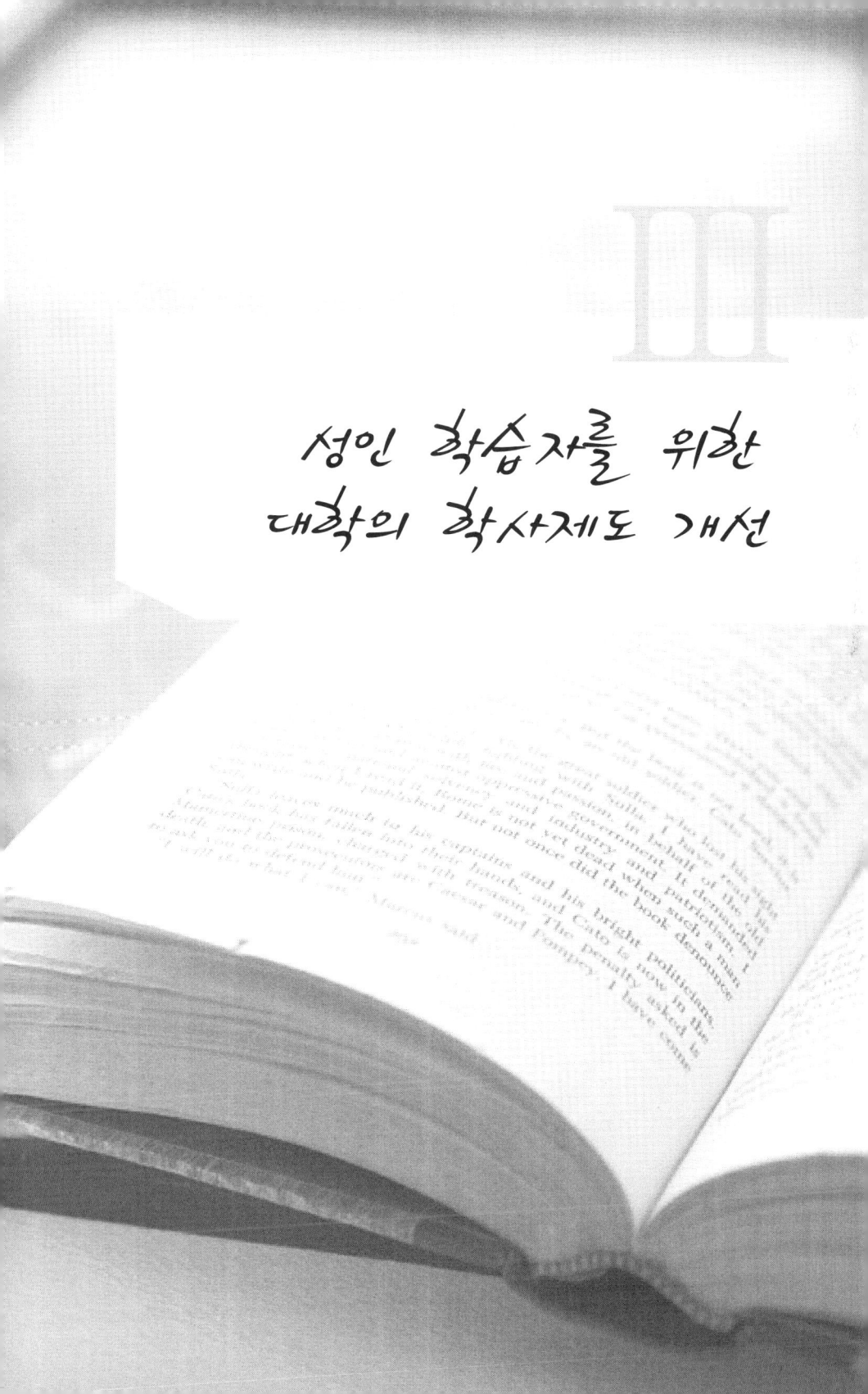

II

성인 학습자를 위한
대학의 학사제도 개선

1. 학사제도 개선의 필요성

최근에 우리 사회에서 대학의 평생교육기능 강화는 중요한 고등교육 정책화두로서 제기되고 있다. 교육과학기술부에서도 '평생학습중심대학 사업' 등을 통하여 성인학습자 친화적인 고등교육체제를 구축하기 위해서 노력하고 있으며, 각 대학에서도 만학도·재직자 전형 등을 통하여 성인학습자 유치를 위한 다각적인 노력을 전개하고 있다(백은순, 2010). 아마도 최근 몇 년은 우리나라의 고등교육 역사상 '성인학습자'에 대한 관심이 폭발적으로 증가한 시기라고 해도 과언이 아닐 것이다.

이와 같은 변화가 일어나는 데에는 고등교육을 둘러싼 사회경제 환경이 급격히 변화하고 있기 때문인 것으로 보인다. 무엇보다도 우리 경제가 부가가치가 높은 지식과 끊임없는 혁신이 중시되는 지식기반경제로 전환됨에 따라 '평생학습'이 더 이상 선택사항이 아니라

필수사항이 되고 있기 때문이다. 이는 만학도들의 대학 진학뿐만 아니라, '산업체 위탁학과, 계약학과, 협약학과' 등을 통해 근로자들이 일터에서 다시 대학으로 진학하는 경우들이 늘어나는 데에서도 알 수 있다. 이와 더불어, '저출산과 고령화'라는 거대한 인구 변화 트렌드 역시 고등교육기관들이 평생교육에 더욱 많은 관심을 가지는 계기가 되고 있다. 지난 십여 년간 심화된 저출산에 따라 대학학령인구가 급격히 감소하면서 '학생 확보 차원'에서 성인학습자에 대해 관심을 가지는 대학들이 늘어나고 있다. 아울러, 인구 고령화가 진행되면서 학습을 노후의 여가로서 향유할 수 있는 '중고령층의 증가' 역시 대학의 평생교육 확대 요인이 되고 있다.

그러나 이와 같은 고등교육 환경 변화에도 불구하고, 대부분의 국내 고등교육기관들에서는 성인학습자 친화적인 고등교육여건을 구축하지 못하고 있다. 여전히 고등학교를 갓 졸업한 전통적인 대학생들(traditional undergraduate students)에 맞추어 입시, 학사운영, 학생 서비스 등이 이루어지고 있어서 일과 학업, 가사를 병행해야 하는 성인학습자들이 대학생활 적응에 곤란을 겪고 있다(박진영, 2007; 이정희·안영식, 2007; 손준종·구혜정, 2007). 이와 같은 맥락에서 다음과 같은 문제의식을 바탕으로 학사 제도 개선에 접근할 필요가 있다.

첫째, 전문대학의 경우, 법령상 전문직업인 양성을 교육목표로 하고 있는 가운데 평생직업교육을 지향하고 있다. 그러나 현행 전문대학의 학사구조는 신규 고졸자를 대상으로 형성되어 있다는 점에서 성인학습자의 교육 접근이 어려운 구조로 되어 있다.

둘째, 그간 정부 정책은 평생직업교육 실현을 위해 다양한 프로그램 및 사업을 지원해 왔음에도 불구하고 여전히 대학의 평생교육 기능이나 역할은 제한적이라고 할 수 있다.

셋째, 현행 대학이 성인학습자를 적극 유치하고 이들의 학습을 효과적으로 지원하기 위해서는 성인 친화적 학사제도의 개선이 요구된다. 이를 위하여 대학의 성인학습 참여 실태와 성인학습자의 참여를 제한하는 제도적 규제를 살펴보고, 성인학습자의 평생교육을 실현하기 위해 전문대학의 교육구조를 어떠한 방향으로 개선해 나가야 할 것인가를 살펴야 한다. 또한 최근 대학 평생교육 지원 사업의 일환으로 추진된 대학 교육체제 개편 사례를 참조할 필요가 있다.

2. 전문대학의 성인학습 참여 및 제도적 규제 실태

학사제도 개선의 방향을 가늠하기 위해 먼저 우리나라의 성인학습 참여 프로그램이 가장 활성화되고 있는 전문대학을 사례로 들어 참여 및 규제 실태를 살펴보기로 한다.

1) 성인학습 참여 실태

전문대학의 성인참여율은 지속적으로 증가추세를 보이고 있다. 1999년에는 성인학생이 전체 재학생의 9.1%를 차지하였으나 2009년도에는 15.9%를 차지하고 있다(<표 2> 참조).

<표 2> 연도별 전문대학의 성인참여 현황

구분	1999년	2001년	2003년	2005년	2007년	2009년
재학생 수	861	953	926	853	760	795
성인학생 수	78	89	97	113	119	126
성인참여율	9.1	9.4	10.5	13.3	15.6	15.9

자료: 한국교육개발원. 교육통계연보. 해당연도.

　　그러나 미국의 고등단기교육기관의 성인참여율이 25~26%를 차지하고 있는 것에 비하면 우리나라 전문대학의 성인참여율은 상대적으로 저조하게 나타나고 있다. 이 같은 현상은 전문대학이 미국에 비해 지나치게 학령기 중심의 재학생 구조를 형성하고 있음을 보여준다(최상덕 외, 2007: 169). 전문대학이 고등단계의 대표적인 직업교육기관임을 감안하면 성인들의 재교육이나 계속교육 기능이 미국에 비해 매우 취약한 구조임을 알 수 있다.

　　전문대학의 성인연령층 참여 증가는 지속적으로 이루어질 전망이다. 이는 전문대학 전체 학생의 감소 추세에 대응하여 상대적으로 성인학습자의 구성 비율이 증가하는 데 기인한다. 전문대학의 학생 수 감소 추세가 지속화될 것으로 전망되는 상황에서 그간 전문대학의 성인 학습자 유치를 위한 소극적인 자세로는 기관의 생존이 위협받게 될 것이다. 이에 전문대학은 성인학습자의 유치 및 지원 정책을 강화함으로써 성인들의 평생교육 및 직업능력개발기관으로 기능할 수 있도록 노력해 나가야 할 것이다.

2) 법·제도적 규제 실태

현재 「고등교육법」에서는 전문대학 교육의 고유 기능을 '전문직업인 양성'으로 규정하고 있다. 특히 전문대학은 산업대학과 함께 동법 일부 규정(예: 39조 등)에 근거하여 일반대학에 비해 평생직업교육기관으로서 특성을 발휘할 수 있도록 성인학습자를 위한 개방체제를 구축할 수 있도록 하고 있다.

그러나 동법에서는 전문대학이 고등교육기관이라는 전반적인 틀 내에서 동일하게 대학 설립 및 학사 운영 전반이 규제되고 있고 있어 성인학습자를 대상으로 한 유연하고 개방적인 평생직업교육체제를 구축하는 데 한계가 있다. 특히 고등교육기관에서의 성인학습자에 대한 실질적인 규정은 「평생교육법」에서 제시하고 있다는 점에서 전문대학 정규과정을 통한 성인학습자의 학위 및 자격취득지원은 매우 제한적으로 이루어지고 있으며, 정규교육과정의 개방적·유연적 운영을 기내하기 어려운 형편이다.

오랫동안 전문대학이나 산업대학에만 개방되어 왔던 산업체 근로자들의 학위 취득이 이제는 일반대학으로 전면 확대되면서 전문대학의 평생 직업교육기능은 상대적으로 약화되고 있는 실정이다. 예를 들면 종전 전문대학이나 산업대학에게만 허용되면 산업체위탁교육이 이제는 일반대학에도 산업체 근로자 특별전형 및 계약학과 등과 같은 제도가 동일하게 적용되고 있는 상황이다.

현행 「고등교육법」은 전문대학을 포함하여 고등교육기관의 직업교육 및 직업능력개발 기능을 활성화하는 데 한계를 안고 있다. 학사 운영 등 고등교육의 운영체제 전반 역시 과거 개발연대의 규제 중심의 운영체제에서 벗어나지 못하고 있다. 또한 대학의 교육기간 및 학제 간 수업연한, 학과 및 계열 분류, 학생선발 및 정원책정, 학위수여 및 이수과정 등 각 영역이 법령이나 정부 지침에 의해 엄격하게 통제되고 있다(체재은, 2006). 이같이 법령에 의해 전문대학에 부여되고 있는 각종 규제 및 경직된 운영 체제에서는 수요자인 학생의 선택권을 제한하고 성인 등 실수요자의 요구에 적극 지원하지 못하여 학령기 학생 중심의 폐쇄적 학사운영구조를 유지하게 된다. 현행 고등교육법 및 고등교육법시행령에서 대학구조 전반에 걸쳐 규정되고 있는 규제 내용을 제시하면 <표 3>과 같다.

〈표 3〉 고등교육법 및 관련 시행령에 의한 전문대학 규제 실태

행정전반	법	• 학교는 장관의 지도감독을 받아야 함(제5조) • 학칙의 제정 및 개정 사항 장관에 보고(제6조) • 대학운영 전반과 교육과정 운영에 대한 평가, 인증(제11조의 2)
	령	• 학교헌장의 세부 내용(제3조) • 학칙의 세부내용(제4조)
학사관리	법	• 교과 이수 및 학점당 필요한 이수시간(제21조) • 학생정원에 관한 사항(제21조) • 학년도 설정(제20조)
	령	• 학기에 관한 규정(제10조) • 학생정원의 세부사항(제28조) • 수업일수(제11조)
학생선발	법	• 학생선발을 위한 전형 방법 구분(제34조)
	령	• 입학전형 구분(제34조) • 입학전형자료 규정(제35조) • 학생선발방법(제40조) • 입학지원방법(제42조)
인사	법	• 교원의 자격기준 및 자격인정사항(제16조)
	령	• 교원의 교수시간(제6조) • 교원의 소속(제9조)
재정	법	• 수업료 기타 납부금 징수 사항(제11조)
	령	• 수익용 기본재산의 확보*(제7조)
조직구성	법	• 대학의 조직에 관한 기본적 사항(제19조)
	령	• 대학의 조직의 세부 내용(제9조)

설립폐지	법	·대학설립기준 및 장관의 인가(제4조) ·대학 분교설립 인가(제24조) ·대학 폐지 및 변경 장관 인가(제4조)
	령	·대학설립 및 폐지의 세부사항(제2조)

주) 대학설립·운영규정.
자료: 최영섭 외(2010). 평생직업능력개발체제의 혁신. 한국직업능력개발원, 144쪽에서 제시한 내용을 전문대학을 중심으로 수정 제시.

3. 미국 전문대학 성인학사제도 개편 사례

본 장에서는 오래전부터 성인학습자들의 진학이 보편화되고 있는 미국 커뮤니티 칼리지들(community colleges)의 학사운영 제도를 고찰하였다. 우선, 미국 커뮤니티 칼리지를 이해하기 위해서 기관 및 학생 현황 등을 살펴보았다. 아울러, 커뮤니티 칼리지들에서 제도화되고 있는 성인학습자 친화적인 학사운영제도(교육과정, 보충교육과정, 비학점과징 및 평생교육과정, 선행학습평가, 기타 서비스)의 실례를 살펴보았다.

1) 커뮤니티 칼리지 주요 현황

보통 2년제로 운영되는 성인학습자를 위한 대표적인 미국 고등교육기관인 커뮤니티 칼리지는 2년제 전문학사과정, 4년제 대학 편입과정, 직업훈련과정 등과 같은 다양한 과정을 운영하고 있다. 2008년 현재 미국 전역에 1,690개의 커뮤니티 칼리지(학위수여기관)가 설립·운영되고 있다. 이 중에 공립 기관은 1,024개교(약 61%), 비영리 사립기관은 92개교(5.4%), 영리 사립기관[1]은 574개교(34%)이다. 이들 커뮤니티 칼리지에는 약 6,971,378명의 학생이 재학하고 있는데, 이는 전체 학부생의 약 36%를 차지한다(NCES, 2009).

<표 4> 미국 고등교육기관 현황

(단위: 개교)

연도	사립대학						전체 대학 (공사립 포함)		
	비영리			영리					
	4년제	2년제	소계	4년제	2년제	소계	4년제	2년제	소계
1976	1,348	188	1,536	15	40	55	1,913	1,133	3,046
1980	1,387	182	1,569	18	147	165	1,957	1,274	3,231
1990	1,482	167	1,649	64	279	343	2,141	1,418	3,559
2000	1,551	144	1,695	277	512	789	2,450	1,732	4,182
2007	1,532	92	1,624	490	553	1,043	2,675	1,677	4,352
2008	1,537	92	1,629	530	574	1,104	2,719	1,690	4,409

주) 영리 대학 중에는 비학위 수여기관들도 있으나, 표에는 포함되지 않음.
자료:NCES(2009). Digest of Education Statistics 2009.

<표 5> 미국 고등교육기관의 학생 등록 현황

(단위: 명)

연도	사립대학						전체 대학 (공사립 포함)		
	비영리			영리					
	4년제	2년제	소계	4년제	2년제	소계	4년제	2년제	소계
1980	2,413,693	114,094	2,527,787	28,303	83,411	111,714	5,128,612	4,328,782	9,457,394
1990	2,671,069	89,158	2,760,227	59,243	154,450	213,693	5,848,242	4,996,475	10,844,717
2000	3,050,575	58,844	3,109,419	257,885	192,199	450,084	6,055,398	5,697,388	11,752,786
2007	3,537,664	33,486	3,571,150	925,873	260,325	1,186,198	11,630,198	6,617,930	18,248,128
2008	3,626,168	35,351	3,661,519	1,173,459	295,683	1,469,142	12,131,436	6,971,378	19,102,814

주) 위의 통계는 '학위 수여 고등교육기관'에 관한 통계만을 포함.
자료: NCES(2009). Digest of Education Statistics 2009.

---

1) 직업기술계 학원에 그 연원을 두고 있는 영리대학(4년제, 2년제)들은 교육대상이나 내용 면에서 전통적인 연구중심대학이나 보편적인 교양교육을 강조하는 주립대학들이 제공하지 않는 '직업기술교육 분야'를 틈새 시장으로 개척하여 성장하고 있다(Kinser, 2006).

커뮤니티 칼리지 재학생 중에 '성인학습자 비율'이 높은 편이다. 2007년 현재, 만 25세 이상의 학생 비율이 약 40%가 넘는데, 이는 4년 제 평균 비율인 36.6%보다 다소 높은 편이다(NCES, 2009).

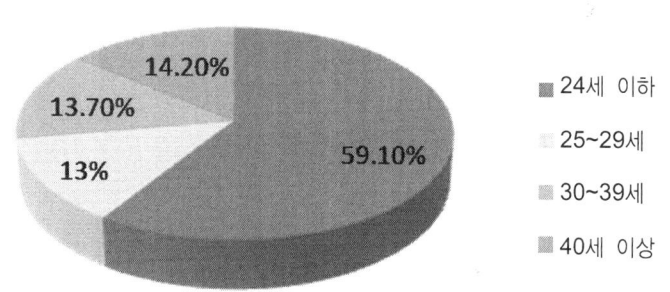

자료: NCES(2009). Digest of Education Statistics 2009.

[그림 2] 연령별 커뮤니티 칼리지 재학생 현황(2007년)

성인학습자를 위한 고등교육기관으로서의 커뮤니티 칼리지는 다음 과 같은 특징을 갖고 있다(채재은, 2009 재인용). 첫째, 이민자, 소수민 족, 저소득층 등과 같은 소외계층을 위한 고등교육 기회의 확대에 주 력한다. 2010년, 전체 커뮤니티 칼리지의 재학생 중에 소수자(minorities) 비율은 약 40%에 이른다(AACC, 2010). 또한, 공립 커뮤니티 칼리지는 공립 4년제 대학에 비해 훨씬 저렴한 등록금을 부과함으로써 저소득 층들에게 대학 문턱을 낮추고 있다.[2] 그리고 [그림 3]에서 알 수 있듯 이, 커뮤니티 칼리지는 4년제 대학 편입 기회를 제공함으로써 소외계 층들의 학력 상승을 위한 중요한 통로로서 기능하고 있다.

---

2) 2010년 현재, 공립 4년제 대학의 수업료는 $7,021인 데 비하여, 공립 커뮤니티 칼리지 수업료는 $2,544에 불과하다(AACC, 2010).

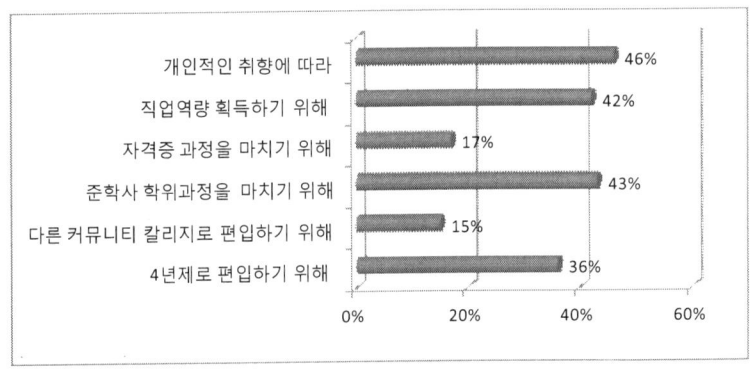

개인적인 취향에 따라 46%
직업역량 획득하기 위해 42%
자격증 과정을 마치기 위해 17%
준학사 학위과정을 마치기 위해 43%
다른 커뮤니티 칼리지로 편입하기 위해 15%
4년제로 편입하기 위해 36%

주) 설문에 대한 복수 응답이 허용됨.
자료: NCES(2008). Community Colleges Special Supplement to The Condition of Education 2008.
Washington D.C.: NCES.

[그림 3] 커뮤니티 칼리지 입학동기

둘째, 커뮤니티 칼리지들은 일과 학업을 병행해야 하는 성인학습
자의 고충과 교육적 요구를 고려하여 유연한 교육시스템을 운영하고
있다. 다학기 제도, 시간제 등록제가 활성화되어 있고, 주말학위과정,
열린학위과정(University without walls), 교외학위과정(external degree),
원격학습센터 등이 설치·운영되고 있다(Cohen & Brawer, 1996). 셋
째, 커뮤니티 칼리지들은 기업체 및 산업체들의 인력 수요 및 기술
개발 요구 등을 교육과정에 반영하여 경제 활성화에 기여하고, 아울
러 학생들의 취업도 진작시키고 있다(Cohen & Brawer, 1996). 이와 같
이 커뮤니티 칼리지들은 성인학습자들이 일과 학습을 병행하면서 원
하는 때에 원하는 방식으로 학습할 수 있는 고등교육체제를 구축하
고 있다.

2) 성인학습자 친화적인 학사제도

성인학습자들을 위한 대표적인 고등교육기관으로서 커뮤니티 칼리지는 고등교육체제 전반을 성인학습자 친화적으로 구축하고 있다. 이하에서는 학사운영제도(교육과정, 보충교육과정, 비학점과정 및 평생교육과정, 선행학습평가, 기타 서비스)를 중심으로 커뮤니티 칼리지의 특징을 고찰하였다.

(1) 유연한 교육과정 운영

대부분의 커뮤니티 칼리지에서는 일과 학업을 병행해야 하는 성인학습자들의 고충을 고려하여 교육과정 운영의 유연화를 추구하고 있다. 그 대표적인 사례들을 살펴보면 다음과 같다.

① 시간제 등록제

커뮤니티 칼리지에서는 성인학습자들이 일과 학업, 가사 등을 병행할 수 있도록 시간제 등록제(part-time enrollment)가 보편화되어 있다. 그러나 시간제 등록생 비율은 커뮤니티 칼리지 설립유형에 따라 차이가 있다. <표 6>에서 알 수 있듯이, 2008년 현재 시간제 등록생 비율은 공립 커뮤니티 칼리지가 61.4%로 가장 높고, 그다음이 영리 사립 커뮤니티 칼리지(35.4%), 비영리 사립 커뮤니티 칼리지(12.0%)의 순이다.

<표 6> 등록 유형별 커뮤니티 칼리지 재학생 현황(2007년)

(단위: %)

구분	공립	비영리 사립	영리 사립
전일제 (25세 이상)	38.6 (40.5)	88.0 (30.4)	63.6 (30.4)
시간제 (25세 이상)	61.4 (22.6)	12.0 (61.4)	35.4 (64.3)
전체	100.0	100.0	100.0

주) 전일제 자료 중 ( )는 전일제 학생 중에 25세 이상의 비율을 의미함.
    시간제 자료 중 ( )도 마찬가지임.
자료: NCES(2009). The Digest of Education 2009.

② 주말제 및 야간제 과정 운영

대다수의 커뮤니티 칼리지에서는 직장이나 가정을 가진 성인학습자들이 주중에, 또는 주간 시간에 대학 강의를 듣기 어려운 점을 감안하여 야간제와 주말제 과정을 운영하고 있다. 그 대표적인 사례로서 「캠덴 카운티 칼리지(Camden County College)」와 「매디슨 커뮤니티 칼리지(Madisonville Community College)」를 들 수 있다.

뉴저지(New Jersey) 주에 있는 『캠덴 카운티 칼리지(Camden County College)』에서는 성인학습자들을 위해서 주말 속성 학위과정(금, 토, 일)을 운영하고 있다(Camden County College, n.d.). 7주마다 새로운 과정을 제공함으로써 학생들은 15개월에 중독자 전문 심리과정(Addictions Counseling), 기업 경영(Business Administration), 형사정책(Criminal Justice), 인문교양 편입과정(Liberal Arts Transfer programs)과 관련된 전문학사 학위를 취득할 수 있고, 예비간호과정(Pre-Nursing)의 경우 24개월에 전문학사학위를 취득할 수 있다.

그리고 켄터키 주에 있는 매디슨빌 커뮤니티 칼리지(Madisonville Community College: MCC)에서는 간호사 수요 증가에 부응하여 주말

에만 운영되는 간호과정을 2001/02년도 학기부터 운영하고 있다 (MCC, n.d.). 이 프로그램은 계속 확장되어 간호조무사(Certified Nurse Aid), 간호사과정까지를 포함하고 있으며, 주말수업 및 온라인 강의를 통해 운영되고 있다. 이와 더불어 MCC에서는 간호 실무학위 (Practical Nurse degree)를 취득한 학생들을 대상으로 간호 분야와 관련된 속성주말과정 및 온라인 전문학사학위과정을 제공하고 있다.

③ 온라인 강의 제공

대부분의 커뮤니티 칼리지에서는 성인학습자들이 개인 일정을 고려하여 학습 시간과 장소를 자유자재로 선택할 수 있도록 온라인 강의를 제공하고 있다. 뉴욕 맨해튼에 있는 Borough of Manhattan Community College(BMCC)에서는 전임교수들이 온라인 강좌를 담당하고 있으며, 재학생 중에 성적(GPA)이 2.0 이상인 학생들만 온라인 강의 신청을 허용하고 있다. 또한 학생들이 자칫 편의성만을 위해서 온라인 교육을 수강하는 것을 방지하기 위해서 신입생, 편입생 및 비학위과정 학생의 경우에는 1학기에 1개의 온라인 강좌 신청만을 허용하고 있다 (BMCC, n.d.).

④ 진출입이 자유로운 교육과정

코네티컷(Connecticut) 주에 있는 Housatonic Community College에서는「진출입이 자유로운 수학 보충교육과정(Open-Entry/Open-Exit Remedial Math Courses)」을 도입하고 있다. 수학시험 결과에 따라, 우수한 결과를 보이는 학생들은 보통 과정 이수에 1년 이상 소요되는 기초수준 보충수학과정(2개 과정)을 5주 안에 마칠 수 있다. 이 과정에 등록한 학생들은 자신의 일정과 학습필요에 따라 동일 과목의 여러 수준 강좌를 신청, 철회, 재수강할 수 있는 재량권을 가질 수 있다. 또한 학생의 학습속도에 따라 교과목을 수강할 수 있고, 수강시간이 아닌 '학생 역량 평가'를 통해서 교과목을 이수할 수 있다(Choitz & Prince, 2008).

⑤ 성인학습자를 위한 학업보충 프로그램

대부분의 미국 커뮤니티 칼리지에서는 교육단절 경험이 있는 성인학습자들이 대학 학업에 쉽게 적응할 수 있도록 수학, 영어, 작문 등에 관련하여 보충교육 프로그램(developmental education/또는 remedial education)을 제공하고 있다. 미국 교육통계청(NCES)의 연구(2008)에 의하면, 2003/04학년도 커뮤니티 칼리지 재학생 중에 29%가 보충교육을 이수했는데, 이는 4년제 공립대학의 이수율(19%), 4년제 사립대학의 이수율(15%)보다 높은 편이다.

커뮤니티 칼리지에서 운영하는 보충 프로그램은 대학별로 차이가 있지만, 커뮤니티 칼리지 연구센터(Community Colleges Research Center: CCRC)에서 비교적 효과가 있는 보충교육 프로그램으로서 제시한 사례들을 살펴보면 다음과 같다(CCRC, 2010).

⑥ 학습 촉진 프로그램(Accelerated Learning Program: ALP)

ALP는 보충교육 대상 학생 중에 '비교적 학업능력이 우수한 학생들'에게 제공되는 프로그램으로서, 이들 학생이 수강하는 정규 대학과목과 유사한 과목을 '보충과목'으로 개설하는 것이다. 예를 들어, 보충교육대상 학생들이 A라는 교과목을 수강할 경우, '동일한 강사'가 정규 교과목 수업을 마친 후에 바로 이어서 보충교육 학생들만을 대상으로 별도로 ALP 강의를 제공하는 것이다. 이러한 시스템으로 인해 학생들은 별도로 보충교과목을 이수할 필요 없이, 정규 교과목을 바로 이수함으로써 대학졸업기간을 단축할 수 있다. ALP는 주로 중도탈락률이 가장 높은 1학년을 대상으로 이루어지는데, APL는 '독립 강좌'라기보다는 성인학습자 등과 같은 중도탈락 위기에 있는 학생들을 위한 수업방법의 혁신이라고 볼 수 있다. The Community College of Baltimore County의 경우, 2007/08 학년도부터 ALP를 운영하고 있는데, ALP 학생들이 일반 보충교육과정을 이수한 학생들에 비하여 대학과정을 빨리 이수할 확률이 높은 것으로 나타났다(Jenkins et al., 2010).

⑦ 기초교육 및 기술훈련 통합과정(Integrated Basic Education and Skills Training: I-BEST)

I-BEST 과정은 기초직입능력을 가진 성인학습자들이 경력개발을 위한 커뮤니티 칼리지 과정으로 쉽게 진입할 수 있도록 지원하는 것을 목적으로 한다. 이를 위하여 기초교육이 필요한 학생들에게 기초과정 강사와 전문훈련 담당 교원이 공동으로 대학수준의 직업과정을 제공한다. 워싱턴 주의 커뮤니티 칼리지·기술대학 위원회(The Washington State Board for Community and Technical Colleges: SBCTC)에서 10년에 걸쳐 시범사업을 실시한 이후 2005/06학년도부터 I-BEST를 도입하고 있으며, 2007/08학년도부터는 워싱턴 주의 34개 커뮤니티 칼리지·기술대학에서도 실시하고 있다. 커뮤니티 칼리지 연구센터(CCRC)의 연구결과에 의하면, I-BEST 과정에 등록한 학생들은 대학정규과정 진학률, 학점 취득률, 기술훈련 테스트 등에서 그렇지 않은 학생들

에 비하여 높은 점수를 취득하는 것으로 나타났다(Jenkins & Zeidenberg, 2009).

⑧ 학습공동체(Learning Communities) 프로그램

대다수의 커뮤니티 칼리지들은 학업능력이 다소 떨어지는 학생들의 대학 진학과 학업 지속을 위하여 다양한 형태의 학습공동체 프로그램을 운영하고 있다. 여러 교과목을 듣는 학생들로 학습공동체를 구성하는 경우도 있고, 강사들의 협조하에 통합교육과정 체계 안에서 상담서비스와 튜터링(tutoring)을 포함하여 운영하기도 한다. 예를 들어, Kingsborough Community College의 경우, 25명의 학생들을 대상으로 학습공동체 프로그램을 운영하고 있다. 보통 학습공동체 프로그램은 1개의 보충교육 과목, 1개의 교과목, 그리고 학점이 인정되는 오리엔테이션과정으로 구성된다. Scrivener(2008)의 연구에 의하면, 종합적인 성격을 갖는 학습공동체 프로그램은 학생들의 학교생활 참여, 학업지속, 학점 취득 등에 긍정적인 영향을 미친다고 한다.

(2) 비학위과정 및 평생교육과정 운영

① 비학점과정(noncredit program)

대부분의 커뮤니티 칼리지들에서는 산업체들이 필요한 인력 공급과 관련된 비학점과정(noncredit program)을 운영하고 있다. 비학점과정 대부분은 커뮤니티 칼리지들에서 운영하는 인력개발과정(workforce instruction) 및 계약훈련과정들(contract training)과 관련이 있다. American Association of Community Colleges의 연구(2008)에 의하면, 비학점과

정이 커뮤니티 칼리지에서 운영되는 방법은 크게 2가지로 구분될 수 있다. 첫 번째는 학위과정과는 별도로 운영되는 유형으로, 프로그램 중복 등을 회피하고 비학점과정과 학점인정과정 간의 연계를 촉진하기 위해서 미팅과 의사소통을 통해서 비학점과정을 운영하는 부서와 다른 부서 간의 연계를 강화하는 유형이다. 두 번째는 학위과정과 통합되어 운영되는 형태로, 비학점과정 운영 주체가 자율성을 가지고 산업체들과 독립적으로 대응할 수 있는 운영조직을 가지는 유형이다.

비학점과정의 경우 커뮤니티 칼리지에 따라서 산업체 관련 자격증을 수여하는 경우도 있지만 보편적인 형태는 아니라고 할 수 있다. 그 결과, 커뮤니티 칼리지들에서는 산업체 수요에 부응한 비학점과정 이수 결과에 대해서 평생교육학점(Continuing Education Units: CEUs)[3])을 인정해 주기 위하여 『국제 계속교육훈련협회(The International Association for Continuing Education & Training: IACET)』 등과 같은 외부기관에 의존한다.

② 평생교육과정(continuing education)

대다수 커뮤니티 칼리지에서는 정규학위 과정 외에도 성인학습자들의 학습욕구의 충족, 취미와 교양 증진, 직무역량 향상 및 경력개발 등을 위하여 평생교육과정(continuing education)을 운영하고 있다. 텍사스 주에 위치한 Austin Community College(ACC)는 산업체의 인력수요와 인적자원개발 요구에 부응하여 전문훈련과정을 제공하고, 아울

---

3) 평생교육학점(Continuing Education Units: CEUs)은 다양한 전문분야와 관련된 자격증을 가진 전문가들을 위한 평가인정 프로그램에 10시간 참여했을 때 1학점씩 인정되는 학점으로, 『미국 국가기준 연구소(The American National Standards Institute)』에서 개발하였고, 국제 계속교육훈련협회(The International Association for Continuing Education & Training: IACET)에서 학점인정에 관한 권한을 가지고 있다.

러 주민들의 직업능력 개발, 경력 개발, 학습요구 등에 부응하는 것을 기관 미션으로 설정하고 있다(ACC, n.d.). 이를 위하여 인적자원개발 센터(Workforce Development Center) 프로그램, 지역사회 프로그램 (Community Program), 맞춤형 훈련 프로그램, 교사자격 프로그램 등을 운영하고 있다. 이 프로그램들은 '비학위과정'으로 학점 취득과는 연계되지 않는다.

〈표 7〉 Austin Community College의 평생교육 프로그램

프로그램	주요 내용
인적자원 개발 센터(Workforce Development Center) 프로그램	보건분야, 기술분야, 일반 산업체 등과 관련된 취업교육, 재교육을 제공하며, 보건전문연구소(Health Professional Institute), 첨단기술연구소(High Technology Institute), 기업·산업체 연구소(Business & Industry Institute)로 구성되어 있음
지역사회 프로그램(Community Program)	지역사회 주민들의 다양한 학습요구, 개인 취미 등을 충족하기 위한 프로그램(예: 실내 디자인, 꽃꽂이, 카야킹, 트레킹 과정 등)임
맞춤형 훈련 프로그램 (Customized Training Programs)	기업체와 산업체 등의 요구에 맞추어 맞춤형 훈련을 제공함
교사자격센터(Center for Teacher Certification) 프로그램	4년제 졸업자들에게 텍사스 주정부의 교사자격을 취득할 기회를 제공하는 과정
비즈니스평가 센터(Business Assessment Center) 프로그램	동 센터에서 각종 시험(GED, ACT, Person VUE, Workkeys, CLEP, TOEFL, and TExES exam)을 응시할 수 있음

자료: Austin Community College(n.d.), http://www.austincc.edu/ce/about.

(3) 선행학습평가

커뮤니티 칼리지에서는 성인학습자들이 직장과 사회생활 등을 통해 취득한 지식과 역량을 다양한 방법으로 평가하여 학점으로 인정해 주는 '선행학습평가제도(Prior Learning Assessment: PLA)'가 광범위하게 인정되고 있다(김경이, 2009). 실제 커뮤니티 칼리지에서 PLA는 다양하게 적용되고 있는데, 그 주요 유형을 살펴보면 다음과 같다

(The Council for Adult & Experiential Learning, 2010). 첫째, 미국교육위원회(American Council on Education: ACE)에 의한 기업훈련 및 군복무기간 중에 받은 훈련에 대한 평가를 들 수 있다. 미국 전역에 있는 고등교육기관들의 조정기구 역할을 담당하는 미국교육위원회(American Council of Education: ACE)에서는 1978년부터 기업과 정부, 군대에서 제공하는 교육과정을 이수한 실적에 대해 대학들이 학점 인정을 해줄 것을 추천해 주는 「대학 학점 추천서비스(College Credit Recommendation Service: CREDIT)」를 운영하고 있다.

둘째, 표준화 검사(Standardized exams)를 활용한 선행학습 평가로, 대학위원회(The College Board)에 의해서 운영되고 있는 「대학학점 사전 취득 시험(Advanced Placement Examination Program: or AP Exams)」과 대학 수준 시험프로그램(College Level Examination Program: CLEP), 그리고 Excelsior 대학 시험(Excelsior College Exams) 등을 늘 수 있다. 이 시험들을 통과할 경우, 유사 과목과 관련된 학점을 이수한 것으로 인정된다.

셋째, 개별 대학 주관으로 이루어진 포트폴리오 평가(Portfolio Assessments), 프로그램 평가(program evaluations), 맞춤형 테스트 등을 들 수 있다. 이 중에 포트폴리오 평가는 학습자들이 학점을 취득하기를 원하는 교과목과 관련하여 자신이 그동안 축적한 경험과 지식을 포트폴리오 형태로 대학에 제출하면 개별 대학에서 평가하여 학점 인정 여부를 결정하는 것이다. 그리고 개별기관에 의한 프로그램 평가(program evaluations)는 특정 교육훈련 프로그램이나 지역훈련 평가를 성공적으로 이수한 사람들에게 학점을 인정해 주는 제도이다.

(4) 4년제 대학 편입과정

미국에서는 1980년대 이래, 주정부의 주도로 주립 커뮤니티 칼리지들이 전통적인 4년제 고등교육체제에 통합되었다. 이에 따라 주(州) 단위에서 교육과정 및 학위수여 요건에 대한 커뮤니티 칼리지들과 4년제 대학 간에 '편입 및 결합(transfer and articulation)'에 관한 협약이 체결되었고, 편입생 수 등이 모니터링이 되고 있다(Goldhaber, Gross & DeBurgomaster, 2008). 편입 및 결합 협약에서는 일반적으로 핵심 교양교육(general education common core), 주(州) 차원의 교과목 번호 통일(statewide common course numbering), 주 차원의 협약(statewide major articulation), 블록 학점 이전(block credit transfer), 편입 전문학사(transfer associate degrees) 등이 다루어진다(Hezel, 2010).

편입 협약 체결 사례를 살펴보면, 뉴저지(New Jersey) 주의 교외지역에 위치한 살렘 커뮤니티 칼리지(Salem Community College: SCC)의 경우, 2010년 현재 SCC는 6개 대학(Chestnut Hill College, Kaplan University, Savannah College of Art and Design, Strayer University, Wesley College, Wilmington University)과 복수입학(dual admission)에 관한 협약을 체결하고 있다. 이에 따라 SCC 학생들은 각 대학에서 원하는 최소 조건을 충족할 경우에 별도의 입학절차 없이 이들 4년제 대학의 3학년으로 편입이 가능하다(SCC, n.d.).

(5) 성인학습자를 위한 기타 서비스

커뮤니티 칼리지에서는 장기간의 학업공백, 실직, 이혼 등으로 인하여 학업과 일을 병행하기 어려운 성인학습자들을 위하여 다양한 서비스를 제공하고 있다. 그 대표적인 사례로서 위스콘신 주에 있는

Northeast Wisconsin Technical College(NWTC)를 들 수 있다. NWTC에서는 성인학습자 개인의 사정을 고려하여 다음과 같이 다양한 형태로 맞춤형 서비스를 제공하고 있다.

① 튜터링(tutoring) 서비스 제공
튜터링 서비스는 주로 수학, 작문, 기초 컴퓨터, 과학 분야와 관련하여 제공되고 있으며, 학점이 인정되는 과정에 등록한 학생들은 모두 이용할 수 있다. 동 서비스는 동일 과목에 어려움을 느끼는 여러 명의 학생들이 같이 도움을 받는 '소그룹 튜터링(small group tutoring)'이나, 학생 1인이 개별 강사로부터 집중적인 도움을 받는 '개인별 튜터링(One-on-one Tutoring)' 형태로 제공된다.

② 인적투자법 관련 서비스(Workforce Investment Act [WIA] Services)
미국 노동부(Department of Labor)에서 추진하는 「WIA(Workforce Investment Act: 인력투자법) 프로그램」에 따라 커뮤니티 칼리지에 등록 중인 저소득층이거나 실업 중인 학습자들에게 등록금, 교재 등을 마련하는 데 필요한 재정지원이 제공된다. 프로그램은 1998년에 「직업훈련협력법(Job Training Partnership Act of 1992)」을 대체하는 입법으로 제정된 「인력투자법(Workforce Investment Act of 1998)」에 근거하여 실시되고 있다(나영선, 2004). WIA 프로그램은 연방정부, 주정부 및 지방정부 간의 파트너십, 그리고 공공기관과 민간기관 간의 파트너십 형성을 통해서 '직업훈련, 성인교육 및 직업재활 고용서비스'를 원스톱 서비스(one stop service)로 통합하여 제공하는 것을 목적으로 한다(US Department of Labor, 1998).

③ 별거, 이혼, 한부모를 위한 서비스

이혼했거나 별거 중이나, 한부모 가정을 이끌고 있는 성인학습자
들을 위해서 학기마다 별도의 오리엔테이션이 제공되며, 보육서비스,
상담서비스, 재정지원 등이 이루어진다.

4. 성인학습자를 위한 대학의 학사 제도 개선 방향

대학이 성인학습자의 평생학습 실현을 촉진하고 지원하기 위해서
는 현행 학령기 중심의 폐쇄적이고 경직된 교육구조를 대폭 개선할
필요가 있다(홍용기 외, 2006; 참고자료 제시). 이와 관련하여 개선이
필요한 사항을 중심으로 그 필요성과 문제를 살펴보고 개선 내용을
요약적으로 제시하였다.

1) 학사제도 개선

(1) 대학 내 학위과정과 비학위과정 간 학점호환체제 구축
  o 현재 대학의 정규과정은 학위과정을 중심으로 개설되어 있고 학
    점은행제 및 장단기 자격과정은 대학 부설 평생교육원 및 사회
    교육원에서 개설 운영하고 있다. 그러나 대학의 학위과정과 평
    생교육원의 비학위과정 간에 상호 학점인정 및 교류가 이루어지
    지 않고 있으며, 대학 학사구조의 폐쇄성을 보여주고 있다. 따라
    서 비학위과정에 참여하고 있는 성인학습자가 대학의 정규교육
    과정에 접근할 수 있도록 하거나 대학의 정규 재학생이 비정규

교육과정에 접근하여 참여할 수 있는 기회를 제공해야 한다. 즉, 대학 내 학위과정과 비학위과정 간 학점 호환 체제를 구축하고 평가인정을 통해 비학위과정 이수자의 학위과정 선택 기회를 제공할 필요가 있다.

o 전문대학의 특별과정은 학력의 제한 없이 모집할 수 있어 보다 다양한 성인의 직업교육 수요를 충족시킬 수 있는 제도로서 대학 내 과정 간에 학점이 호환될 수 있는 체제를 마련해야 한다. 특별과정을 이수한 경우, 학점으로 연계하여(학점은행제가 아니라고 하더라도) 전문대학에 편입이 가능하도록 하는 방안을 마련할 필요가 있다.

o 시간제 등록학생은 대학에서 학점을 취득하여도 당해 대학의 정규 교육과정으로 인정받거나 학위를 취득하지 못하고 오직 학점은행제를 통해서만 가능하다. 그러나 대학이 평생직업교육 기능을 활성화시키기 위해서는 성인 학습자 및 외국인 유학생을 적극 유치하고, 이들의 시간제 등록이 적극 지원되어야 하며, 시간제 등록을 통한 학점 인정이 정규 교육과정에 적극 반영될 수 있도록 개선할 필요가 있다(이정표, 2010).

(2) 고졸 미만 성인학습자의 학위과정 입학 허용

o 고졸 미만 성인의 전문학사 및 학사 학위 취득 기회를 개방하고 선행학습 평가인정을 통해 일정한 수학능력 갖춘 자에게 학위과정을 이수하도록 허용할 필요가 있다.

-「고등교육법」제33조에서는 전문대학 입학 자격을 고등학교를 졸업한 자 또는 법령에 의해 이와 동등 이상의 학력이 있다고 인정

된 자로 규정하고 있다. 또한 「산업교육진흥및산학협력촉진에관한법률」 제7조에 근거하여 설치 가능한 특별과정은 학력 및 연령에 제한 없이 입학할 수 있으나 학위과정과 연계가 되지 않으며, 고졸자만이 학위 과정과 연계된 학점인정이 가능하다.

– 대학이 선행학습 평가인정체제를 구축함으로써 학력 이외의 다양한 현장 경험 및 전문능력, 자격취득 결과 등을 고려하여 입학 자격을 부여하는 것이 필요하다.

– 미국의 지역사회대학은 입학자 선발을 고졸자에 한정하지 않으며, 학력과 관계없이 입학 대상자를 폭넓게 규정하고 있다. 다만 입학 문호는 개방하되, 일정한 수학능력이 검증될 때까지 조건부 입학을 허용함으로써 입학생의 질 관리를 하고 있다.

(3) 학점당 등록제를 통한 시간제 등록생의 학위과정 입학 허가

○ 성인학습자가 학위 혹은 자격취득을 위한 계속교육에 참여하지 못하는 이유는 시간적 여유가 없어서인 것으로 나타났다. 전문대학의 경우 법령상 교육목적을 전문직업인 양성에 두고 있으나, 현실적으로 일을 하고 있는 성인학습자들은 학기 중심의 현행 학사제도하에서는 학위를 취득하기 어렵다. 따라서 이를 해결하기 위해서는 현행 학기중심의 등록제에서 학점당 등록제로 전환되어야 하며, 학위 취득에 필요한 학점을 이수하면 언제라도 졸업이 가능한 졸업학점이수제를 시행해야 한다.

(4) 선행경험학습인정제도의 도입 운영

○ 우리나라 전문대학은 입학자원 감소에의 대응 및 평생학습 이념

실현을 위해 평생직업교육 기능 강화가 절실한 상황에 있다. 이에 대응하여 그동안 전문대학에서는 성인학습자의 입학문호를 개방하고 직업교육 강화를 위한 다양한 제도 및 프로그램을 도입 운영해 왔으나, 성인학습자의 계속학습 및 일과 학습 간 원활한 이행을 지원하는 틈새 없는(seamless) 평생학습체제 구축에는 매우 미흡한 실정이다.

○ 대학이 평생직업교육 기능을 효과적으로 수행하기 위해서는 성인학습자의 학습 참여 동기를 부여하고 지속적인 직업능력개발을 지원할 수 있는 유연하고 개방적인 학사관리체제 구축이 선행될 필요가 있다. 이와 관련하여 선행학습경험 평가인정제도는 성인학습자들이 다양한 형식·무형식·비형식학습기관에서 습득한 교육성과 및 경험결과를 객관적으로 평가 인정하여 공식적으로 학점으로 인정받을 수 있는 평생학습 평가인정시스템이라고 할 수 있다.

○ 이미 「고등교육법」 제39조(교과목의 이수 인정)에서는 산업대학 및 전문대학의 경우 일반대학과는 달리 평생교육 및 전문직업교육 기능을 활성화하는 차원에서 선행학습경험에 대한 학점 인정 부여가능성을 동법 제23조와는 별개로 규정하고 있다. 그러나 현실적으로 전문대학을 비롯하여 많은 고등단계 직업교육기관에서는 이를 적극 도입하지 않고 있는 실정으로 성인학습자의 평생학습 참여가 활성화되는 데 한계가 있다. 성인학습자들은 입학 전에 이수한 동일 교과목 및 학습 내용을 입학 후에도 중복 이수하게 됨으로써 계속학습에 대한 의욕이나 동기가 저하되고 입학 결정을 어렵게 하며 학업을 중단하는 사례가 발생하고 있

다. 이에 선행학습경험의 평가인정 제도를 적극 도입 운영함으로써 성인학습자들의 계속교육 기회를 적극 제공하고 중복 학습에 따른 비용 및 시간을 절감해 줄 필요가 있다.

○ 이를 위하여 선행학습경험의 평가인정을 통한 학점 부여가 가능하도록 학칙을 개정하고 선행학습경험의 평가인정을 위한 운영 규정안을 마련하는 등 선행학습경험 평가인정 지원 체제를 구축하고 개선을 위해 노력해야 한다(이정표 외, 2007).

> ※ 선행학습경험의 평가인정(Assessment and recognition of prior learning and experience)은 전문대학 입학자가 입학 전에 습득하거나 이수한 형식적·비형식적·무형식적 학습결과 및 근로경험 등을 객관적이고 공식적으로 평가 절차를 통해 학점으로 인정해 주는 것을 의미한다. 국가에 따라 선행학습평가인정(PLAR), 선행학습인정(RPL) 등 다양한 용어로 사용되며, 인정의 범위나 기준 역시 다소 차이가 있다. 대부분의 고등교육기관들은 평생을 통해 습득한 다양한 학습은 공식적으로 학점 및 자격으로 인정하고 중복학습에 따른 비효율성을 최소화하며, 일과 학습의 연계 강화 차원에서 선행학습경험 평가인정제도를 적극 도입 운영하고 있다. 선행학습 평가제도는 다음 장에서 자세히 다루기로 한다.

2) 성인학습자 대상의 다양한 교육 프로그램 개설 운영

(1) 성인학습자의 기초학습능력 지원 프로그램 지원

○ 성인학습자들은 대부분 학습의 기회를 놓쳐 뒤늦게 계속교육에 참여한다는 특성을 가진다. 따라서 대학수학능력시험이라는 관문을 통해 입학생 신규 고졸자들과는 달리 영어나 글쓰기 등의 기초학습능력이 떨어지기 마련이다. 현행 전문대학은 성인학습

자의 특성을 고려하지 않고 획일적으로 교육과정을 편성 운영하고 있어 성인학습자의 원활한 학습 참여가 어려운 상황이다. 이에 성인학습자들의 학업에 대한 부담으로 중도탈락이 많으며, 입학 자체를 두려워하고 있다. 따라서 이를 해결하기 위해서는 성인학습자들을 위해 영어, 글쓰기 등의 기초학습능력 프로그램을 추가 개설해 주거나 교육과정의 편성 운영을 보다 유연하게 개설 지원해 주는 노력이 필요하다.

(2) 온라인 오프라인을 병행한 블랜디드 학습과정 확대 개설

○ 성인학습자의 대표적인 학습 장애 요인은 시간적 여유 부족인 것으로 나타났다. 그 결과 성인학습자를 위한 학위과정은 방송통신대학, 사이버대학 등을 중심으로 활발하게 이루어지고 있다. 집체교육을 기본으로 하고 있는 전문대학의 경우 현실적으로 성인학습자들이 학위 취득을 위해 접근하기 어려운 학사구조를 갖고 있다. 성인학습자들이 정규학위과정에 보다 적극 참여하도록 하기 위해서는 온라인 교육을 병행하는 블랜디드 학습과정이 대폭 확대될 필요가 있다.

(3) 근로자 특성을 고려한 산업체 위탁교육과정 운영

○ 현재 전문대학의 경우, 성인근로자가 학위과정에 참여할 수 있는 대표적인 과정이 산업체위탁교육과정이다. 그간 대학입학자의 지속적인 증가로 산업체 위탁교육생이 지속적으로 감소하고 있으나 배움의 기회를 놓친 성인근로자들이 일과 병행하여 전문학사 학위를 취득할 수 있는 대표적인 교육과정이 산업체위탁교

육과정이라고 할 수 있다. 그러나 현행 산업체위탁교육과정은 전일제 학생의 교육과정과 동일하게 편성 운영하는 방식으로 매우 경직적인 학사구조를 요구하고 있다. 이에 주간과 동일한 수업연한에 거의 동일한 교육과정으로 졸업학점을 이수해야 하는 상황에서 일과 학습을 병행한 내실 있는 학업생활을 어렵게 만들고 있다. 더욱이 산업체 위탁생의 경우 휴학이 허용되지 않고 있어 개인 사정 및 회사 사정으로 인해 일정 기간 학업이 어려운 경우에는 학업을 중도에 포기해야 하는 상황이 전개되기도 한다. 산업체 위탁교육과정이 성인근로자의 학위과정이라는 점을 감안하여 성인근로자의 특성이나 요구를 고려한 유연하고 개방적인 학사구조를 갖추는 것이 필요하다. 즉, 산업체 위탁생들의 휴학제도를 허용하는 것은 물론 현행과 같이 수업연한을 고려한 재학기간을 제한하지 않도록 해야 할 것이다. 이와 함께 학점당 등록이 가능하도록 하고 주간의 정규교육과정의 참여가 현실적으로 보장됨으로써 학점 상호 인정이 될 수 있도록 할 필요가 있다.

(4) 성인학습자를 위한 교육과정의 다양화

○ 대학은 정규교육과정 이외에 다양한 특성을 가진 성인이 학습과정에 참여할 수 있도록 다양한 프로그램을 개설 운영하는 것이 필요하며 예시적으로 아래와 같은 과정을 개설 운영할 수 있다.

- 실직자 및 전직 예정자 대상의 직업훈련 과정
- 국가자격 및 국가공인 민간자격의 취득 과정
- 중소기업체와의 계약을 통한 입직 교육 및 직무향상 교육 과정

- 평생(사회)교육원을 중심으로 성인 대상의 문해교육, 외국어교육 과정 및 일반 교양교육 과정
- 일반 성인 대상의 '문해교육(literacy education)' 과정
- 산업체 위탁 교육과정의 특성화 강화
  - 현장 직무와 교과과정간의 괴리를 해결하기 위해 직무분석에 기초한 교육 과정 개발
  - 교육과정 몇 단위의 모듈로 구성하여 운영
  - 일부 교과목에 원격교육 방법을 도입하여 운영

(5) 재직근로자 대상 주문식 교육과정 개설 운영

o 대학이 기업의 요구나 필요에 부응함으로써 현장 중심의 직업 교육을 실시할 수 있다는 장점을 가진다. 그간 대학은 노동 시장의 변화에 적절하게 대응하지 못하고, 고용 변화나 산업 현장의 요구를 외면해 왔다는 비판을 받아 왔다는 점에서 주문식 교육 제도는 종전 직업 교육과는 달리 노동 시장의 변화나 산업체의 필요에 더욱 적극석으로 대응해 나갈 수 있다는 점에서 의의가 있다.

o 주문식 교육을 통해 회사의 첨단 시설 및 장비를 활용할 수 있다는 점에서 직업기술 교육의 효과를 높일 수 있다. 대학이 막대한 설비 투자를 하면서 급속한 기술 변화에 적절하게 대응하여 교육을 실시하기는 매우 어렵다. 이런 점에서 대학은 주문식 교육 제도 운영을 통해 시설 설비 투자에 대한 부담을 갖지 않고 회사의 최신 설비 및 장비를 활용하여 질 높은 교육을 수행할 수 있게 될 것이다.

o 주문식 교육 제도를 운영함으로써 대학은 입학생의 유치 및 졸업생들의 취업률을 높일 수 있다. 산업체의 필요나 요구에 부응

하고 질 높은 교육에 대한 요구가 끊임없이 제기되는 상황에서 대학은 질 좋은 직업교육을 실시해야 할 상황에 직면하고 있다. 주문식 교육 제도의 실시는 일반 직업교육과정을 이수한 졸업자들보다 취업 가능성을 증대시키며, 입학지원자들에게 매력 있는 대학으로 인식시킬 수 있게 될 것이다. 주문식 교육의 제안은 인근 지역의 산업체를 대상으로 대학이 먼저 제안하거나 혹은 기업이 먼저 제안하는 방식으로 이루어질 수 있다. 주문식 교육의 고객은 주 지역 내에 소재한 중소기업만은 아니며, 대기업으로 확대 적용될 수 있다.

o 주문식 교육 프로그램은 주로 이론 교육보다는 실습 위주의 훈련에 집중되어 운영된다. 부분적으로는 직업 진로에 관한 카운슬링을 포함하여 실시할 수도 있다. 교육 프로그램은 현재 대학에서 개설 운영하고 있는 교육 과정을 중심으로 주문식 교육을 실시하기도 하지만, 기업과 협의를 통해 현존 교육과정을 변형한 형태의 결합을 시도하여 구성할 수 있다. 프로그램은 일반적으로 이론 학습보다는 구체적이고 특수한 기술의 습득이나 현장에서 요구하는 기초능력 및 기술의 습득에 초점을 두고 이루어진다. 교육 프로그램 구성 운영을 대학 내 단일학과 혹은 유관학과 간 융합 교육을 통해 시행해 볼 수 있다.

o 교육 프로그램의 개설은 특정 기업의 주문 내용을 반영한 형태의 맞춤식 교육과정으로 개설할 수도 있으며 혹은 향상교육이 어려운 인근 지역 기업들의 공통적 요구를 반영한 형태의 직업기초능력을 포함한 형태의 교육과정(workplace literacy)으로 개설될 수도 있다. 성인대상 교육 프로그램은 크게 양성교육과 향상교육으로

이루어질 수 있다. 양성교육은 기업이 특정한 기술을 갖춘 근로자들을 신규 채용하거나, 이들이 직무 능력을 갖추도록 하기 위해서 이루어진다. 향상교육은 기업이 기술 변화로 인해 새로운 적응 기술을 습득할 필요성이 제기되거나 기업이 생산 방식의 변화로 인해 겪게 될 근로자들의 잠재적 실업을 막기 위한 재훈련을 실시하고자 할 경우에 이루어진다.

○ 주문식 교육을 기존의 정규 양성과정에 초점을 맞추어 제한하기보다는, 장·단기, 정규·비정규, 재교육·향상교육·심화교육 등 여러 교육 유형에 따라 창의적으로 개발·운영, 개별 업체와 대학 간의 1 : 1 관계에서 벗어나 대학과 산업체가 참여하는 연합 컨소시엄 형태로 주문식 교육운영위원회를 구성하여 보다 질 높은 주문식 교육과정을 개발해야 한다. 산업체와 대학 간의 긴밀한 상호협력을 위해 상호 간에 기술지도, 교육, 학술정보의 교환, 현장연수, 단기 심화과정 등을 적극 추진하고 산학 간의 상호협조를 통해 전문대학과 산업체가 갖고 있는 각종 실험·실습 시설 및 장비를 공동으로 구입·활용하는 제도적 장치를 마련해야 한다. 주문식 교육의 장소는 대학에서 이루어지거나 기업의 시설을 이용하여 기업에서 이루어질 수 있고 혹은 프로그램의 특성에 따라서 기업과 대학 양 기관에서 이루어질 수 있다. 강사는 대학에서만 제공될 수 있고, 혹은 대학과 기업 양 기관에서 협력 구성할 수 있다. 필요한 경우에는 기업에서 전문 능력을 갖춘 근로자를 강사로 활용할 수 있다.

3) 성인학습자의 학습 지원서비스 강화

(1) 성인학습자 전담 교수학습 지원 및 상담 지원체계 구축

○ 성인학습자들은 장기간 학업공백으로 기초 학습능력이 다소 떨어질 뿐만 아니라, 대학 참여에 따른 두려움을 가져 학업 적응에 어려움을 갖게 된다. 따라서 대학에서는 입학 초기 학업에 적응하는 데 어려움을 겪는 성인들을 대상으로 보충교육 프로그램을 제공할 뿐만 아니라 학습 장애 요인을 제거해 줄 수 있도록 지원할 필요가 있다. 또한 성인학습자들을 위한 객관적이고 유익한 정보를 제공하고 언제라도 학업 적용에 필요한 전담 창구가 마련될 필요가 있다.

(2) 성인학습자의 진로 및 취업 경로 설계 지원

○ 성인학습자의 참여를 촉진하고 참여에 따른 장애요인을 제거하기 위해서는 성인학습자들이 대학에 쉽게 접근하고 장애 없이 수학할 수 있도록 지원하는 일이 중요하다. 뿐만 아니라 성인학습자들의 입학, 수학, 졸업, 그리고 생애설계를 포함한 다양한 상담이 가능하도록 '성인대학' 수준의 독립적이고 종합적인 교육서비스를 제공하는 시스템이 구비되어야 한다(최상덕 외, 2007: 320). 이를 위해서는 성인학습자 전용 진로 및 취업지원을 위한 창구가 설치되고 전문가가 배치될 필요가 있다.

4) 평생학습 재원 확보를 위한 정부 재정지원사업과의 연계 강화

○ 최근 정부에서는 대학의 평생학습체제 개편을 유도하면서 대학이 갖는 물적·인적 인프라를 활용한 성인학습자 및 근로자의 능력개발 향상을 목표로 다양한 재정지원사업을 추진하고 있다. 이에 대학에서는 대학의 평생학습체제 개편과 함께 평생학습 활성화 차원에서 정부의 사업과 연계하여 재원을 확보하여 시행할 필요가 있다. 최근 시행되고 있는 정부의 유관 사업은 다음과 같다.

- 고용노동부가 추진하는 직업능력개발계좌제 지원 사업
- 교육과학기술부의 대학 평생교육 활성화 사업
- 전문대학 교육역량지원 사업과 연계(특히 브랜드사업화 가능성 모색 필요)
- 교육과학기술부 평생학습정책과에서 진행하고 있는 "직업아카데미" 사업과의 연계 가능성 검토 [참고사항]

[참고사항]

○ 대학 평생교육 활성화사업 관련 2011년도 주요 추진방향으로 **'대학의 직업아카데미 활성화 계획'** 수립 및 운영이 포함되어 있음
○ 이에 대학이 지역과 연계하여 **전문 직업교육 활성화**를 위한 사업 계획을 수립하고 추진하기 위하여 기존의 유사 정책과 중복되지 않고 특성화된 **직업아카데미 운영 방안 모색**이 필요
   ☞ 대학 평생교육 활성화 사업 관련 직업교육 아카데미 설치 방안(예시)
○ 정규학과와 연계한 **재직자 리콜교육** 실시
○ 지역 내 산업체와 연계한 **인턴십 프로그램** 실시
○ 융·복합분야 등 **고급기술 전문교육** 실시
   ※ 스티브잡스: "기술과 인문학의 결합 = 애플"
○ **직업소양교육** 실시(기업의 이해, 대인관계, 의사소통 등)

〈노동부 사업과의 비교〉

구분	직업교육 아카데미	노동부 직업훈련
형태	직업소양 등을 포함한 교육과정	단순 기술 훈련과정
대상	성인학습자 전체 (대학재학생, 취업자 포함)	실업자(구직희망자)
기관	대학 및 평생교육원	기술계 학원 및 훈련기관
과정	맞춤식·전문 교육과정	실무훈련과정
기간	모듈식 운영으로 연속교육 가능	단기 집중훈련 위주
활용	학습결과를 학력으로 연계	자격증 취득

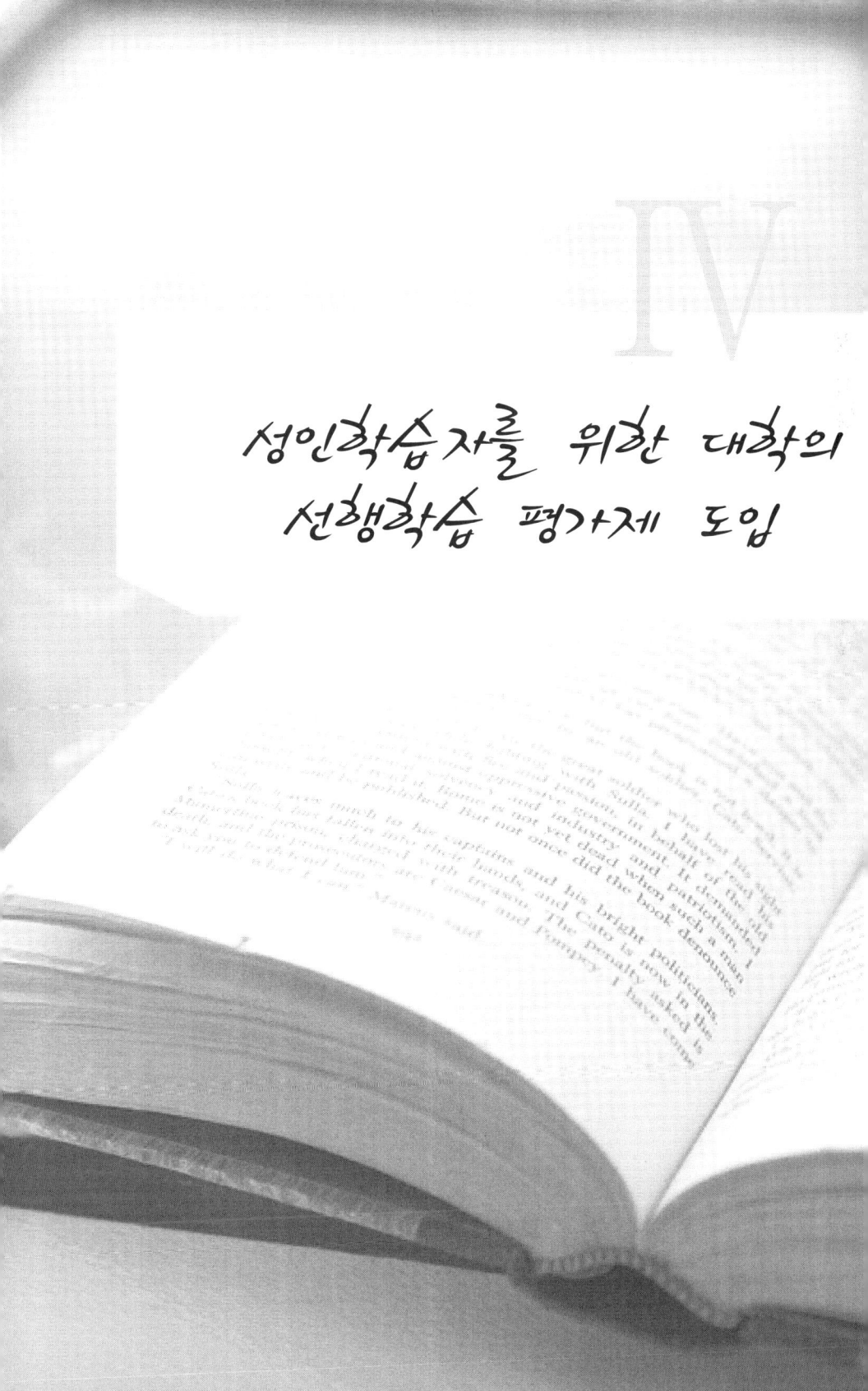

IV

성인학습자를 위한 대학의 선행학습 평가제 도입

1. 왜 선행학습평가 제도인가?

사회의 제 분야에서 급격한 변화가 일고 있다. 교육환경의 외적 변화는 교육기관 내부의 실제 교육환경에도 직접적인 영향을 미치게 되는데 외적 변화에 적절히 대응하지 못하고 수동적이고 방어적인 수용에 머문다면 조직은 내적 안정성을 결여하게 되고 결과적으로는 조직 발전에 장애로 작용하게 된다. 최근 이러한 교육환경의 변화는 대학의 경우에도 중요한 이슈가 되고 있다.

대학 환경 변화 가운데 주목해야 하는 사항은 입학자원의 감소와 고등교육기관의 교육의 평생성 실현과 평생학습사회에 대한 인식의 확대이다. 입학자원의 감소는 교육환경의 물리적 요인이고 교육의 평생성 확대는 이념적 요인이지만 이 두 요인은 녹립적이면서 동시에 관련성을 가지고 대학 교육에 결정적인 변화를 미치는 요인이 되고 있다.

입학자원의 감소와 관련하여 지난 10년 동안 전문대학 입학 정원은 1999년 294,250명에서 2005년 266,090명, 2009년 231,707명으로 10년 전에 비해 2009년 입학 정원은 약 22%가 감소했고, 지원자는 1999년 1,620615명에서 2009년 1,285,267명으로 20% 감소했다.[4] 전문대학 입학생 수의 감소는 개별 대학과 국가적 차원에서 심각하게 대처해야 한다. 그 이유는 사립 전문대학이 대부분인 우리나라에서 전문대학은 재정의 등록금 의존율이 매우 높고 따라서 개별 대학의 입장에서 이는 대학의 생존과 관련되는 문제이기 때문이다. 그리고 국가적 차원에서 직업교육을 담당하고 있는 전문대학의 문제는 직업교육의 부실로 연결될 수 있기 때문이다. 전문대학의 입학생 문제는 개별대학의 생존뿐 아니라 국가적 차원에서 직업 교육의 활성화에 부정적인 작용을 하므로 이에 대한 연구와 대안 마련이 중요하게 다루어져야 하는 것이다. 입학자원의 감소는 비단 전문대학만의 문제가 아니고 계속되는 출산율 감소로 인해 4년제 대학을 포함한 전체 고등교육기관의 중요한 문제이며, 이는 궁극적으로 대학 입학제도와 학사제도에 변화를 초래하는 요인이 될 수 있다.

고등교육기관에서의 교육의 평생성 실현은 과거 전통적으로 대학에 등록하는 학생 인구 구성에 급격한 변화를 초래하는 요인으로 미국 대학의 경우 25세 이상 된 학습자 수의 증가가 지난 30년간의 괄목할 만한 특징으로 언급되고 있다. 2003년의 경우 25세 이상의 비전통적 학습자 수는 전체 대학 등록 학생 수의 약 37%에 이르는데 이는 교육의 평생성, 성인학습의 보편화와 관련이 있는 요인이다. 성인학습자 등록의 증대는 대학으로 하여금 대학 교육과정 운영 방식에 재

---

4) http://cesi.kedi.re.kr/index.jsp 고등교육기관 연도별 입학상황.

고를 요구하게 되고 이에 따라 학생과 대학 양측에서 기존의 전통적인 학사제도 운영에 변화가 필요함을 인식하게 되는 계기가 되고 있다(김경이 2009).

따라서 대학의 입장에서 입학자원의 감소는 부정적 요인으로 인식되지만 평생교육의 확장과 성인학습 인구의 증대는 위기적 요인을 극복할 수 있는 긍정적인 요인이 될 수 있다. 즉, 평생교육의 확장, 성인학습 인구의 증대는 대학이 향후 변화의 방향을 어떻게 설정해야 할 것인가에 대해 시사하는 바가 크며 이를 잘 읽어내어 교육 환경이라는 외적 변화에 창조적 적응구조를 구축할 수 있는 방안의 강구가 그 어느 때보다 필요한 시점이라 할 수 있다.

이에 본 장에서는 고등교육기관의 비전통적 학습자인 성인학습자들이 잠재적 입학자원으로 간주되고 있는 상황에서 평생교육 이념을 실현하고자 하는 대학들의 적극적 대비 방안에 대해 논의하고자 한다. 이미 몇몇의 대학은 평생학습중심대학으로서 역할을 수행하고 있으나 이러한 대학의 평생교육이념 실현의 역할과 기능을 보다 확장시킬 필요가 있다. 이를 위해 본론에서는 선행학습평가제와 성인친화적인 대학 문화에 초점을 두고 현재 대학의 학사제도를 탐색하고 평생학습 사회에 부합하는 발전 방안을 제시하고자 한다.

본 장에서 선행학습평가제도를 중심으로 학사제도를 탐색하고 방안을 제시하고자 하는 이유는 첫째, 이 제도가 현재 대학이 당면한 상황과 유사한 가운데 도입된 제도로서 미국의 경우 성인학습경험인정제도는 개인 수준의 심리적·환경적 요인, 즉 평생교육에 대한 개인적 요구와 사회구조적·경제적 요인, 전후 베이비붐 세대와 기술 정보화 사회의 특성이 작용한 결과 성인학습자 증대에 따라 도입되었다는 점이다. 즉, 선행학습평가제도[5])는 미국을 비롯한 주요 국가에서 대학의 비전통적 학습자인 성인들의 증대에 따라 이들의 학습경험을 입학과 학위 과정에 반영하는 제도로서 대학에 입학하기 전 성인학습자들이 가졌던 경험들을 평가하여 학습의 결과로 인정하는 제도이다. 학위 과정에 참여하고 있는 성인학습자들이 증대하고 있고 또한 고등교육기관에서도 새로운 학습자로서 성인학습자를 유인하기 위해 성인학습자의 특성을 학위 과정에 반영하고 있는 성인친화적인 대학[6])의 특징적인 학사 운영 제도라 할 수 있다.

　대학이 이 제도에 대한 적극적 도입과 정착 방안을 강구해야 하는 또 다른 이유는 고등교육기관의 비전통적 학습자[7])인 성인이 향후 잠재적 입학자원이 될 수 있다는 점 외에 그동안 대학이 평생 직업교육 실천을 대학의 역할과 기능으로 인식하면서도 정작 대학 내의 교육과정에서는 학습자들이 가지고 있는 경험적인 측면에서의 직업교육의 평생성 구현에 대한 인식과 지원에는 미비했기 때문이라는 점을 들 수 있다. 이와 관련하여 이정표 외(2007)는 "다양한 평생학습 결과를 정규 교육과정과 연계하여 인정할 수 있는 제도적 기반이 취약한 상황에서는 평생 직업교육의 기능을 실현하는 데 한계를 가질 수밖에 없다. 따라서 대학의 평생교육직업체제는 성인 학습자들이 고등교

---

5) 선행학습평가제도에 해당하는 용어는 미국의 경우에는 PLA(Prior Learning Assessment), 영국은 APL 또는 APEL(Accreditation of Prior Learning or Accreditation Prior Experiential Learning), 호주, 뉴질랜드, 캐나다는 PLAR 또는 RDA(Prior Learning Assessment and Recognition or Reconnaissance des Acquits), 남아프리카는 RPL 또는 EVC(Recognition of Prior Learning or Erkennen van elders of informeel Verworven Competenties) 로 사용되고 있다(김경이, 2009: p.174).

6) 성인학습자 중심대학 또는 성인학습자 친화적 대학이란 성인학습자의 특징을 학사과정에서 고려하면서 제도적 지원체제를 구비하고 있는 대학들을 일컫는 개념이므로 평생교육의 관점에서 학사제도 분석 기준이 된다.

7) 고등교육기관의 성인학습자들은 비전통적인 학습자라고도 하는데 이들은 지연된 입학, 시간제 학생, 전일제 고용상태, 재정적 독립, 부양가족에 대한 책임, 25세 이상 등의 특성 가운데 한 개 이상의 특성을 가진 경우에 비전통적인 학습자로 분류된다.

육에 참여할 수 있도록 동기를 제공하고, 지속적인 능력개발 지원을 위해 평생학습 성과나 경험을 적극 평가하여 사회적으로 인정받을 수 있는 시스템을 구축함으로써 가능하다"고 논의한 바 있다. 같은 맥락에서 김종우·허영준(2006)은 성인학습자의 평생학습 촉진을 위해 대학이 선행학습에 대한 인정체제를 구축할 필요가 있음을 제안하고 있는데 그 이유는 성인학습자의 학습흥미 유지 및 시간과 비용의 효율성 측면과 재직 근로자의 경우 동일 전공 영역에 근무하는 경우는 물론 유사 직업 훈련기관, 산업체 연수원, 동일 혹은 관련 전문대학 교육, 일반대학에서 이수한 교육결과를 선행학습으로 인정해 줄 수 있는 기준과 범위를 설정할 필요성이 있다는 이유에서이다.

이에 본 장에서는 선행학습평가제도와 성인친화적 대학의 관점에서 대학의 학사제도를 탐색하고 개선을 위한 과제를 제시하고자 한다. 이를 위해 우선 선행학습평가제도와 성인학습자 친화적 대학이란 무엇인가에 대해 살펴보기로 한다.8) 이에 대한 고찰을 통해 추출된 준거를 바탕으로 현황 분석과 과제를 제시하고자 하였다.

2. 선행학습평가제도의 개념

선행학습평가제도는 대학에서 성인학습자들이 대학에 입학하기 전에 경험한 선행학습경험에 대해 학점을 부여하는 제도로서 미국의

---

8) 선행학습평가제도와 성인학습친화적 대학의 특성에 대한 내용은 김경이(2009), 미국대학의 선행학습평가제도 검토를 통한 우리나라 대학의 성인학습자 지원 방안 연구, 한국교육행정학회, 교육행정학연구, 27(1), pp.171-197을 요약한 내용임.

경우 1,000개 이상의 대학에서 이를 운영하고 있다. 성인학습자들이 대학에 입학하기 전, 직장에서의 경험 또는 자원봉자자로서의 활동 경험, 지역사회에 참여, 개인적인 독서, 개인적인 삶의 과정에서 얻은 지식 등을 일정한 준거와 평가 과정을 거쳐 대학의 학점으로 인정하는 것으로서 대부분의 평가 방법은 학생들이 교육의 목적을 완성하는 데 도움이 되는 교육과정과 함께 병행하여 진행된다.

Colvin(2006, p.6)은 선행학습평가제도를 학생들이 본인들이 알고 있는 것을 판단하고 학위과정을 통해 자신들이 배울 필요가 있는 것이 무엇인가를 판단하는 것을 돕는 적극적인 과정으로 설명한다. 이 과정에서 성인학습자들은 대학수준의 학업 수행에 자신감을 얻게 된다는 것이다. 이 제도에 대한 긍정적인 인식 가운데 하나는, 성인들은 자신이 가진 전문적이고 개인적인 경험, 학습에 대한 의욕, 심화된 이해를 촉진하는 질문을 가지고 수업에 참여하게 되고, 전통적인 학생들보다 더 높은 점수를 얻는다는 것이다. 그리고 이 과정에 참여하는 학생들은 그렇지 않은 학생보다 많은 과목에 등록하고 있으며, 교실 경험만 있는 전통적인 학생들보다 문제 해결력이 높고, 포트폴리오를 수행하는 성인학습자들의 평점이 높으며, 성인학습자들은 선행학습평가의 학점이 대학의 소규모 강의 운영 또는 재정적 지원보다 더 중요하다고 응답하고 있다는 점 등으로 설명하고 있다. 이외에도 성인학습자가 여러 상황에 적용할 수 있는 학습 능력을 가졌거나, 지도교수와의 의사소통에서 전 생애의 경험을 자신의 교육목적과 밀접하게 관련시킬 때 선행학습평가에서 보다 좋은 결과를 얻고 있는 것으로 보고되고 있다.

3. 선행학습경험으로 인정받는 주요 자원

고등교육기관에서 성인들의 학습경험을 학점으로 전환할 때 자원으로 활용되는 것은 크게 시험을 통한 방법과 활동 경력, 자격증 등이다. 미국 대학의 경우 선행학습경험을 학점으로 인정하는 데 활용하는 주요 자원은 첫째, 공인된 기관에서 주관하는 다양한 표준화된 시험의 활용이다. 이 제도를 도입한 미국 대학의 84%가 표준화된 시험 결과를 학점으로 환산하여 운영하고 있는데 College Level Examination Program(CLEP) Tests의 경우에는 시험을 통해 3~12학점까지 인정하며 시험점수를 학점으로 환산하는 것은 미국교육협의회(American Council Education: ACE)의 기준을 참고하여 대학의 자율로 적용하고 있다.

둘째, Challenge Exam으로 각 대학의 고유한 교육과정에 기초하여 대학에서 개발하여 운영하는 시험으로서 특징 필수 과목에서 학생들에게 요구되는 지식과 기술을 내용으로 한다. 이 시험은 각 대학에서 해당과목을 담당하는 교수진 또는 부서에서 개발하는데 일반적으로 특정 과목의 학기말 시험에 해당하는 수준이다. CAEL(2006) 조사 결과에 의하면 57%의 대학이 이를 활용하여 학점을 인정하는 것으로 나타났다.

셋째, 비대학기관 교육에 대한 평가로서 이는 기업, 정부기관, 조합과 군대에서 제공하는 교육과정에 참여한 활동에 대해 학점부여가이드를 활용하여 평가하는 것이다. 미국교육위원회(American Council on Education: ACE)는 비대학기관 후원교육프로그램 위원회(American Council on Education Program on Non-collegiate Sponsored Instruction: ACE/PONSI)와 군 훈련에 관한 교육추천위원회(American Council on Education Recommendations on Military Training: ACE/MILITARY)의

프로그램에 대해 추천 기준을 제시하고 있다.

넷째, 개별화된 평가는 대학별로 개발된 평가 기준을 적용해 학점을 부여할 수 있는 방법으로 승인된 부동산 중개 자격증, 전문직 증명서 등과 같은 자격증을 학점 평가의 자료로 활용하거나 포트폴리오 또는 면접을 통해 학생들의 경험을 선행학습경험으로 인정하고 학점을 부여한다. 이를 개별화된 학생 평가 또는 경험학습평가라고도 한다. 개별화된 평가는 앞에서 언급한 다른 평가 자원보다 활용도가 낮은데, 대학의 학습 수준을 유지하기 위해서는 대학 자체의 질 관리를 위한 지원과 평가 준거 그리고 절차를 구비하여야 하기 때문이다.

4. 질적 수준 유지를 위한 운영 원칙

선행학습평가제도 성공의 관건은 성인학습에 대한 교육적·사회적 필요와 요구를 반영하면서 동시에 대학 수준의 학습을 유지하는 것이다. 많은 대학들이 선행학습평가에서 표준화된 시험을 선호하는 이유는 표준화된 준거에 의해 질 관리를 할 수 있기 때문이고 '개별화된 평가'의 활용도가 낮은 이유는 객관적인 평가 준거의 확보와 함께 엄격한 절차가 적용되어야 하고 이 과정에서 전문적 인력이 요구되기 때문이다.

Whitaker(1989)는 이 제도의 질적 수준 유지를 위한 운영 원칙을 학문적인 측면과 행정적인 측면으로 구분하여 제시하고 있다. 학문적인 측면의 운영 원칙은 첫째, 학점은 경험 그 자체가 아니라 학습에 대해 부여해야 한다. 둘째, 평가는 대학의 학습 수준으로 수용할 만한 기준과 준거에 기초해야 한다. 셋째, 평가는 학습과 분리된 것이 아니라 통합된 것으로 다루어져야 하고 학습 과정에 대한 이해에 기초해야 한다. 넷째 학점 수여와 능력 수준의 결정은 관련 학과목 전문가 혹은 학문적으로 신뢰할 만한 전문가에 의해 수행되어야 한다. 다섯째, 학점은 적절한 상황에서 수여, 승인되어야 한다.

행정적인 측면의 원칙은 첫째, 학점이 부여되면 성적표에 어떠한 학습을 인정했는지에 대해 명백하게 서술하고, 동일한 학습에 학점이 중복 수여되지 않도록 모니터링해야 한다. 둘째, 평가 정책, 절차, 이의 제기 준비를 포함한 모든 과정에서 기준이 명백하게 드러나야 하고, 관련 당사자들 모두 평가 과정에 관여할 수 있어야 한다. 셋째, 평가를 위한 비용의 부담은 학점의 수가 아니라 평가 과정에 수반되는 서비스에 기초해야 한다. 넷째, 학습 평가 관련자는 모두 적절한 훈련을 통해 지속적으로 전문성을 계발해야 한다. 나섯째, 평가 프로그램은 빈드시 정기석으로 모니터링되고 검토되어 필요와 목적 그리고 상황에 따라 수정되어야 한다.

위의 사항은 미국의 많은 대학들이 선행학습평가의 질적 확보를 위해 고려하는 중요한 원칙으로 적용하고 있으며 제도의 평가 준거로도 활용하고 있다.

5. 미국대학의 선행학습평가제도

지식기반사회의 고도화가 진행되면서 개인에게 요구되는 지식, 역량의 수준 역시 높아지고 있다. 이에 따라 선진각국에서는 과거에 소수의 엘리트 계층에게 한정되었던 '고등교육'이 보편화되면서 대학학령기 인구뿐만 아니라, 성인학습자들이 뒤늦게 대학에 진학하는 비율이 증가하고 있다. 그 대표적인 국가 중의 하나로서 미국을 들 수 있다.

미국에서는 제2차 세계대전에 참전했던 제대군인들에게 대학교육, 주택, 보험, 의료 및 직업훈련의 기회를 제공하기 위해 「재향군인사회적응지원법(일명 G.I. Bill of Rights)」이 1944년도에 제정되면서 성인대학생이 본격적으로 늘어나게 되었다(Henry, 1975). G.I. Bill에 따라 고등교육을 희망하는 제대군인들에게는 바우처 방식으로 대학 학자금이 지원되면서 성인대학생들이 급증하게 된 것이다(Thelin, 2004). 2007년 기준으로 미국 고등교육기관에 등록한 학생 중에 소위 '성인대학생(만 25세 이상, 대학 진학시점 기준)'의 비율은 38.1%에 이르고 있다(NCES, 2009). 그 비율이 4년제 대학은 36.7%이고, 국내 전문대학과 유사한 2년제 대학인 커뮤니티 칼리지(community colleges)는 40.8%이다(NCES, 2009).

이와 같이 성인대학생이 증가함에 따라 미국 대학이 변화하고 있다. 고등학교를 졸업한 직후에 정시제(full-time enrollment)로 등록하는 소위 전통적인 대학생들과 달리, 일과 학업을 병행하면서 시간제(part-time enrollment)로 등록해야 하는 성인대학생들의 요구를 반영할 필요가 있기 때문이다. 이에 따라 입시, 교육과정 운영, 학습결과 평가방법 등이 종전의 교과목 위주의 관점에서 탈피하여 성인학습자들이 가정, 일터, 사회생활 등을 통해서 축적한 경험과 지식을 존중하는 방향으로 변화하고 있다(Bishop-Clark & Lynch, 1992; Mischler & Davenport, 1984; Ross-Gordon, 2003).

이러한 맥락에서 대부분의 미국 고등교육기관에서는 성인학습자들이 직장과 사회생활로부터 취득한 지식과 역량을 다양한 방법으로 평가하여 학점으로 인정해주는 '선행학습평가제도(Prior Learning Assessment: PLA)'가 광범위하게 인정되고 있다(김경이, 2009). PLA는 1960년대 후반에 미국 교육학계 전역에 확산된 '학생 중심의 교육방법'에 의해서 영향을 받으면서 등장하였고, 성인학습자 등과 같은 비전통대학생들(nontraditional college students)[9]이 증가하면서 교육소외 성인들을 위한 고등교육 기회를 확대하는 제도로서 널리 인정되게 되었다(Michelson, 1996). 성인학습·경험학습위원회(The Council for Adult & Experiential Learning: CAEL)에 의하면, PLA는 취업, 군복무, 여행, 취미활동, 시민사회활동, 자원봉사 등과 같은 대학 밖의 활동을 통해서 쌓은 대학 수준의 지식과 역량을 평가하여 대학 학점으로 인정해주는 제도이다(CAEL, 2010a). 이러한 특징을 갖는 PLA는 학위 취득에 필요한 시간과 경비를 단축시켜줄 뿐만 아니라, 교과목 이수 부담을 줄여줌으로써 성인학습자들의 졸업률과 학업지속률을 향상시키는 데에도 기여하고 있다(Colvin, 2006; CAEL, 2010b).

이와 같은 역사적 배경을 가진 미국 사례는 최근에 만학도, 재직자 전형 등을 통해서 성인대학생이 눈에 띄게 증가하고 있는 국내 대학들이 선행학습평가 제도를 도입하는 데 의미 있는 시사점을 줄 수 있을 것이다. 따라서 우선 선행학습평가의 실제적 운영방법을 탐색하기 위하여 선행학습평가의 유형과 질 보장 방법, 그리고 개별 대학에서 선행학습평가를 적용하는 사례(4년제, 2년제)를 살펴보았다.

---

9) NCES(미국교육통계청)은 비전통 대학생(nontraditional students)을 다음과 같은 속성을 한 가지라도 가진 학생으로 정의한다(NCES, 2002). ① 동년배에 비해 대학에 늦게 입학한 학생. ② 재학 기간에 시간제 등록을 한 적이 있는 학생. ③ 재학 중에 풀타임(주당 35시간이상)으로 일하는 학생. ④ 스스로 등록금을 부담하는 학생. ⑤ 자녀가 있는 학생. ⑥ 자녀를 혼자 양육하는 학생. ⑦ 검정고시 등으로 고등학교를 졸업한 학생.

1) 선행학습평가 유형 및 활용 현황

(1) 선행학습평가 유형

성인학습·경험학습위원회(The Council for Adult & Experiential Learning[CAEL], 2010)에 의하면 미국 4년제 대학과 2년제 대학(커뮤니티 칼리지)에서 실제 적용되는 PLA의 유형은 매우 다양하다. 그 주요 유형을 살펴보면 다음과 같다.

① 미국교육위원회(American Council on Education: ACE)에 의한 기업훈련 및 군복무기간 중에 받은 훈련에 대한 평가

미국 전역에 있는 고등교육기관들의 조정기구 역할을 담당하는 미국교육위원회(American Council of Education: ACE)는 1978년부터 기업과 정부, 군대에서 제공하는 교육과정을 이수한 실적에 대해 대학들이 학점 인정을 해줄 것을 추천해 주는 「대학 학점 추천서비스(College Credit Recommendation Service: CREDIT)」를 운영하고 있다. 이 서비스는 지난 30여 년간 ACE가 기업, 정부, 군대에서 제공하는 각종 성인학습 프로그램을 검토 분석한 결과를 토대로 제공되고 있으며, 성인학습자들의 고등교육기회를 확대하는 주요 제도라고 할 수 있다. 심사가 요청된 교육과정에 대한 학점 인정 여부에 대한 검토는 4년제 대학과 2년제 대학 교원들에 의해서 이루어지고 있다. 자신이 운영하는 과정에 대해 CREDIT 서비스를 신청하는 기관이 있을 경우에 ACE는 관련 분야의 교원들로 구성된 CREDIT 내용검토위원회(CREDIT Content Review Committee: CCRC)를 구성하여 해당 과정에 대한 인정 여부를 결정한다. 하지만 CREDIT의 결과는 고등교육기관에 구속력을 가지

지는 않으며, CREDIT 결과를 받아들여 해당 과정에 대한 이수결과를 학점으로 인정할지 여부는 개별 고등교육기관에 달려 있다.

② 표준화 검사(Standardized exams)

선행학습 평가를 위해서 미국 대학들은 다양한 표준화된 검사들을 활용하고 있다. 그 예를 살펴보면 첫째, 대학위원회(The College Board)에 의해서 운영되고 있는 「대학학점 사전 취득 시험(Advanced Placement Examination Program: or AP Exams)」을 들 수 있다. AP 시험은 30개 과목[10]에 대해서 인정되고 있으며, 시험 성적은 학생이 입학하기를 원하는 대학으로 직접 전달된다(The Collegeboard, n.d.). 둘째, 대학 수준 시험프로그램(College Level Examination Program: CLEP)으로, AP 시험과 마찬가지로 대학위원회(The College Board)에 의해서 제공된다. CLEP은 학습자들이 개별학습(independent study), 코스워크, 현장학습, 전문성 개발, 인턴십 등을 통해 획득한 지식을 적용하여 대학수준의 시험에 응시한 결과를 학점으로 인정해 주는 제도로, 2010년 현재 33개 교과목에 대한 시험이 개발·시행되고 있다(The Collegeboard, n.d.).

셋째, Excelsior 대학 시험(Excelsior College Exams)으로, 이전의 Regents College 시험의 변칭이 변경된 것이다(Excelsior College, n.d.). Regents College는 1971년 포드재단(Ford Foundation)과 카네기재단(Carnegie Corporation)의 지원을 받아서 '대학 수준 시험 결과'에 따라 고등교육

---

10) AP 시험 인정 과목(총 30개): Art History, Biology, Calculus AB, Calculus BC, Chemistry, Chinese Language and Culture, Computer Science A, Macroeconomics, Microeconomics, English Language, English Literature, Environmental Science, European History, French Language, German Language, Comp Government & Politics, U.S. Government & Politics, Human Geography, Japanese Language and Culture, Latin(Vergil), Music Theory, Physics B, Physics C, Psychology, Spanish Language, Spanish Literature, Statistics, Studio Art, U.S. History, World History.

학위를 제공하는 외부학위 프로그램을 운영하기 시작하였다. 이 제도는 Regents College 이사회에서 미국 최초로 사이버 대학인 Excelsior College을 설립한 이후에도 지속되고 있다. Excelsior College 시험 영역에는 인문사회, 교육학 분야, 간호 분야가 포함되며, 시험문항은 다중선택문항으로 구성되어 있다(Excelsior College, 2009).

넷째, DANTES 주제 표준화 시험(DANTES Subject Standardized Tests: DSST)으로, Chauncey Group International 회사에 의해서 당초 군복무자들에게 대학 학점을 인정해 주기 위해 개발되었으나, 현재는 일반인도 응시가 가능하다. 2010년 현재 수학, 사회과학, 인문, 경영, 물리학, 기술 영역에서 38개의 시험이 제공되고 있으며, 약 2,000개의 미국 고등교육기관들이 DSST 결과를 인정하여 학생들에게 학점을 면제해주고 있다(DSST, n.d.).

③ 개별 대학에 의한 평가

이외에도 대학별로 다양한 방법으로 성인학습자들을 대상으로 선행학습 평가가 실시되고 있다(CEAL, 2010a). 그 대표적인 예를 살펴보면 첫째, 포트폴리오 평가(Portfolio Assessments)이다. 학습자들이 학점을 취득하기를 원하는 교과목과 관련하여 자신이 그동안 축적한 경험과 지식을 포트폴리오 형태로 대학에 제출하면 개별 대학에서 평가하여 학점 인정 여부를 결정하는 것이다. 둘째는 개별기관에 의한 프로그램 평가(program evaluations)이다. 특정 교육훈련 프로그램이나 지역훈련 평가를 성공적으로 이수한 사람들에게 학점을 인정해 주는 제도이다. 셋째는 맞춤형 시험으로, 개별 대학에서 과정 이수자들에게 실시한 시험 결과를 다른 대학에서도 인정해 주는 제도이다.

(2) 선행학습평가 활용 현황

선행학습평가(PLA)는 대부분의 미국 대학에서 광범위하게 활용되고 있는 것으로 선행연구들(CAEL, 2010a; 2010b)에 의해서 언급되고 있지만, 지금까지 전국 단위의 조사가 실시된 적은 없으며 성인학습·경험학습위원회(CAEL)에서 실시한 표본조사가 있을 뿐이다. CAEL은 2009년도에 48개의 고등교육기관(2년제, 4년제 모두 포함)을 대상으로 선행학습평가 실태조사를 실시하였는데, 그 결과는 PLA가 실제 어느 정도 활용되고 있는지를 보여준다(CAEL, 2010a).

CAEL 조사결과에 의하면, 48개의 고등교육기관 중에 67%가 1980년대 이전부터 다양한 형태로 PLA를 실시하고 있었으며, 나머지 기관들도 대부분 1980~2000년에 PLA를 도입한 것으로 나타났다. 또한 <표 8>에서 알 수 있듯이, CAEL 조사에 참여한 고등교육기관들은 다양한 유형의 PLA를 최소 2개 이상 적용하고 있었다. 참여기관들의 94%가 표준화된 검사를 활용하고 있었고, 88%가 포트폴리오 평가(portfolio assessment)도 실시하고 있었다. 또한, <표 9>에서 나타난 바와 같이, 참여 대학들은 보통 4개 이상의 PLA 기법을 적용하고 있었고, 6개 이상 방법을 적용하는 기관들도 29%나 되었다.

〈표 8〉 PLA 유형별 활용 현황(2009년 CAEL 조사 결과)

시험유형	표준화 시험	ACE 평가-기업훈련	ACE 평가-군대훈련	개별훈련 프로그램	기관별 시험	포트폴리오 평가
참여비율(%)	94	77	81	63	65	88

주) 총 48개의 미국 고등교육기관이 조사에 참여했으며, 복수 응답을 한 결과임
자료, CAEL(2010), Fueling the Race to Post-secondary Success.

<표 9> 고등교육기관별 PLA 수(2009년 CAEL 조사 결과)

PLA 방법 수	1	2	3	4	5	6
비율(%)	4	2	10	19	35	29

주) 총 48개의 미국 고등교육기관이 조사에 참여했으며, 복수 응답을 한 결과임.
자료: CAEL(2010), Fueling the Race to Post-secondary Success.

그리고 PLA는 기관별로 다양한 형태로 활용되고 있었다. <표 10>에 나타난 바와 같이, PLA는 선택과목 면제(94%)를 위해서 가장 많이 활용되고 있었고, 그다음으로 교양과목 면제(88%), 전공과목 면제(79%) 등을 위해 활용되고 있었다.

<표 10> PLA 활용 결과 (2009년 CAEL 조사 결과)

참여기관별 PLA 활용방안	비율(%)
선택과목 면제	94
일반교양 과목 면제	88
전공 및 프로그램 요건 충족	79
고급과정 이수를 위한 요건 충족	69
선수과목 면제	67
대학원/특별 학문·직업 프로그램 선수요건 충족	25
거주요건(residency requirement) 충족	19

주) 총 48개의 미국 고등교육기관이 조사에 참여했으며, 복수 응답을 한 결과임.
자료: CAEL(2010), Fueling the Race to Post-secondary Success.

이와 같이 PLA 결과가 다양하게 활용되는 것과 마찬가지로, 개별 고등교육기관들이 PLA 과정을 제공하는 이유도 다양했다. <표 11>에 제시된 바와 같이, 대학들은 PLA를 실시하는 이유로서 "학생들의 학위과정 이수를 위한 시간 단축(92%), 성인학습자를 지원하는 대학 목적 달성(92%), 학업지속률의 향상(90%), 교실 밖에서 이루어지는 학습의 가치 인정(88%)" 등을 제시하였다.

<표 11> 대학들의 PLA 제도 운영 이유(2009년 CAEL 조사 결과)

대학들의 PLA 제도 운영 이유	비율(%)
학생들의 학위과정 이수를 위한 시간 단축	92
성인학습자를 지원하는 대학 목적 달성	92
학업지속률 향상	90
교실 밖에서 이루어지는 학습의 가치 인정	88
학위 취득에 소요되는 비용 절감	85
교육장벽 제거	83
학교 밖에서 학습한 내용을 재학습하는 비효율 제거	73
경험학습과 학문적 지식 간의 차이에 대한 학생들의 이해를 도움	67
학습자 자신의 미래목표를 달성하는 계획을 수립하는 데에 필요한 자신의 과거 및 현재 능력에 대한 평가와 성찰 기회를 갖게 하기 위함	65
학생 충원 확대 방법으로 활용	60
특정 학생그룹 충원 방법으로 활용	58
학생들의 자존감과 자신감 향상	48
학생들이 선수과목을 통과하고, 보다 높은 지식과 역량을 함양할 수 있는 고급과정을 이수할 수 있도록 지원함	38
학생들의 학습과 역량을 현 고용주나 미래 고용주에게 보여줄 수 있는 포트폴리오를 작성하도록 지원함	35
다른 고등교육기관들과의 경쟁 유지	31
개별 고등교육기관의 사회 정의 목적 실현	31
학습자의 작문 및 문장 구성 기술의 향상 지원	29

주) 총 48개의 미국 고등교육기관이 조사에 참여했으며, 복수 응답을 한 결과임.
자료: CAEL(2010). Fueling the Race to Post-secondary Success.

2) 선행학습평가의 질 보장

앞서 살펴본 바와 같이 PLA가 미국 대학들에서 광범위하게 사용되고 있다는 점을 고려할 때, PLA의 질을 보장하는 것은 고등교육의 질을 보장하기 위해서도 중요한 과제라고 할 수 있다. 하지만 PLA가 개별 대학 위주로 다양하게 이루어지고 있기 때문에 미국 정부 차원의 질 보장 방안은 없는 것으로 보인다. 다만 성인학습·경험학습위원회(CAEL)에서 Fiddler 외(2006)의 저서인 「학습평가: 기준, 원칙 및 절차(Assessing learning: Standards, principles, and procedures)」에서 제안된 「학습평가를 위한 10개 기준(Ten Standards for Assessing Learning)」을 채택함으로써 이 기준이 대학 사회에 폭넓게 활용되고 있는 것으로 보인다(CAEL, n.d.).

〈학습평가를 위한 10개 기준 (Ten Standards for Assessing Learning)〉

1. 학점은 경험이 아니라, '학습' 자체에 한해 인정되어야 한다.
2. 학습평가는 합의되고 공개된 기준(standards) 및 준거(criteria)에 기초하여 이루어져야 한다.
3. 학습평가는 학습의 본질적인 부분으로 인정되어야 하며, 학습과정에 대한 이해에 기초하여야 한다.
4. 학점 수여 및 역량 수준에 대한 결정은 그와 관련된 학자 및 전문가들에 의해서 이루어져야 한다.
5. 학점은 그 학점이 수여되고 인정되는 맥락에 적합한 수준에서 주어져야 한다.
6. 학습 평가결과 학점이 인정될 경우, 성적증명서는 어떠한 유형의 학습이 인정되었는지를 명확히 서술해야 하고, 동일한 학습에 대해 중복 인정을 하는 사례가 없도록 모니터링이 이루어져야 한다.
7. 학점인정, 이의제기에 적용되는 정책, 절차 및 기준들은 완전히 공개되어야 하고, 평가과정에 관련 있는 모든 사람들에게 제공되어야 한다.
8. 학습평가 수수료는 인정된 학점 총량이 아니라, 평가인정과정에서 제공된 서비스에 기초하여 부과되어야 한다.
9. 학습평가에 관계된 인력들은 자신의 업무와 관련하여 적합한 훈련과 계속전문교육을 받아야 한다.
10. 학습평가 프로그램은 주기적으로 모니터링, 검토, 평가되어야 하며, 학생인구의 변화, 평가목적의 변화, 평가기술의 발달 등에 따라 수정되어야 한다.

자료: Council for Adult and Experiential Learning(n.d.).

3) 개별 대학 사례

선행학습평가(PLA)가 실제 개별 대학에서 어떻게 이루어지고 있는 지를 파악하기 위하여 CAEL(2010a)에 포함된 사례 중에 대학 유형별로 2개 사례를 각각 검토하였다. 앞서 살펴본 바와 같이, PLA 중에는 미국교육위원회(American Council on Education: ACE) 등과 같이 외부 기관에 의해서 평가가 이루어지는 사례들과 포트폴리오 평가, 맞춤형 시험 실시 등을 통해서 대학 자체적으로 이루어지는 사례들이 있는데, 이하에서는 대학 자체에서 수행하는 PLA를 중심으로 서술하였다. CAEL 연구(2010a)에서는 2001년 이전부터 PLA 제도를 운영해 왔고, CAEL이 제시한 PLA 질보장 기준을 비교적 잘 충족하는 48개 기관을 연구 참여기관으로 선정하였는데, 본 연구에서는 이 중에서 개별대학의 PLA 운영 현황을 홈페이지 등을 통해서 비교적 잘 공개하고 있는 4년제 대학과 2년제 대학을 각각 1개씩 선정하여 조사하였다. 그 주요 내용을 제시하면 다음과 같다.

(1) 4년제 대학 사례: 이스턴 일리노이 대학(Eastern Illinois University)

① 대학 개황

이스턴 일리노이 대학(Eastern Illinois University: EIU)은 1895년에 일리노이 주의 Charleston에 설립된 4년제 사립대학으로, 2010년 현재 11,966명의 학생이 등록하고 있으며, 47개의 학부과정, 27개의 대학원 과정, 6개의 자격증 과정이 운영되고 있다. 동 대학의 계속대학(School of Continuing Education)에서 성인학습자들을 위한 「경력 및 조직학습, 그리고 이사회(Career and Organizational Studies and the Board of Trustees)」에 관한 비전통 학위 프로그램(nontraditional degree program)을 운영하고 있다.

② 선행학습 평가절차[11]

EIU에서는 일반 학사과정(BA in General Studies: BGS)에 한하여 포트폴리오에 의한 선행학습 평가를 인정하고 있다. 선행학습 결과를 학점으로 인정받고 싶은 학생들은 입학 후에 포트폴리오를 작성해서 대학에 제출하여야 한다. 포트폴리오를 EIU에 처음 제출할 때 최초 수수료(2007년: $170)를 지불해야 하고, 이는 2년간 유효하다. 이에 더하여 학생들은 평가를 신청한 포트폴리오별로 평가수수료(2007년: $75)를 대학에 납부해야 한다.

선행학습평가를 받고 싶은 학생들은 교내 BGS Advisor와 함께 포트폴리오를 작성해야 하며, 또한 온라인 과정인 「BGS 3001 포트폴리오 과목(3학점)」을 이수하여야 한다. 이 과목을 성공적으로 이수한 학생들은 BGS 3001 교과목 자체에 대해 3학점을 인정받을 수 있을 뿐만 아니라, 선행학습평가를 위해 제출할 포트폴리오를 갖게 된다(첨부: 포트폴리오 샘플). 포트폴리오를 완성한 학생들은 BGS 학위 프로그램 행정부서에 포트폴리오를 제출하여 평가를 받을 수 있다. 평가가 완료되면, 학생들은 EIU 선행학습평가 포트폴리오 추천서([그림 4] 참고)를 받을 수 있다. 이 추천서에는 학생의 선행학습 경험을 기술한 포트폴리오에 대해 몇 학점이 부여되는지, 그리고 그 이유(안 되는 경우에는 그 이유)가 제시되어 있다.

---

11) EIU 대학의 선행학습 평가 관련 홈페이지(http://www.eiu.edu/~bgs/portfolio_info.php)에서 정보를 획득함.

PRIOR LEARNING PORTFOLIO CREDIT RECOMMENDATION
EASTERN ILLINOIS UNIVERSITY

Bachelor of Arts in General Studies Degree Program
Eastern Illinois University, 600 Lincoln Avenue
Charleston, IL 61920-3099, (217)581-5618

_____, _____, a student enrolled in the EIU
(Name)   (E Number)

BSG Degree Program, has requested an evaluation of prior learning that is though to be equivalent to

_____, _____, a student enrolled in the EIU
Dept/Course Number   Course Title

I have evaluated the submitted PLP materials and recommend:

_____ full credit for _____ semester hours

_____ partial course credit for _____ semester hours

_____ other credit for _____ semester hours at the _____ Fresh _____ Soph _____ Jr_____ Sr Level

and should be entitled _____

_____ no credit

The justification/reason why this credit was awarded or denied is:

_____   _____   _____

_____

_____

_____   _____
Signature of Faculty Member   Date

I recommend the awarding of _____ semester hours of credit

_____   _____
Signature of the BGS Degree Program Director   Date

_____   _____
Signature of Provost & Academic Vice President   Date
Recorded on Transcript:

_____   _____
Signature from Record's Office   Date

_____ Student Copy _____ Department Copy _____ BGS Copy _____ Records Copy

[그림 4] EIU 선행학습평가 포트폴리오 추천서 양식

한편, EIU는 선행학습평가를 위한 포트폴리오 평가 시에 적용하는 공통 기준을 선행학습평가 전문가인 Whitaker 박사와 CAEL의 자문을 받아서 다음과 같이 개발하였다. 그 기준들을 살펴보면 첫째, 학점은 경험이 아니라 '학습'에 한해 인정되어야 한다. 둘째, 대학 학점은 대학 수준의 학습(college-level learning)에 적용되어야 한다. 셋째, 학점은 특정 주제와 관련되고, 이론과 실제 간의 균형을 가진 경험에 대해서만 인정되어야 한다. 넷째, 학점수여 및 역량 수준에 대한 결정은 그와 관련된 학자 및 전문가들에 의해서 이루어져야 한다. 마지막으로, 학점은 수여되고 인정되는 맥락에 적합한 수준에서 인정되어야 한다.

(2) 2년제 대학 사례: Bucks County Community College

① 대학 개황12)

Bucks County Community College(BCCC)는 미국 워싱턴과 뉴욕의 중간에 위치한 미국 펜실베이니아 주의 뉴타운(Newtown)에 있는 2년제 공립대학으로 1964년에 설립되었다. 2010년 현재 약 10,000명 정도의 학생이 재학하고 있으며, 재학생의 40% 이상이 성인학습자들로 선행학습평가, 시간제 등록, 온라인 강의 제공, 경력개발 지원 등을 통해서 성인학습자 친화적인 대학 환경을 조성하고 있다.

BCCC에서는 2개의 준학사과정(직업과정, 편입과정)을 제공하고 있다. 이 중에 직업과정은 졸업생들이 이론과 실무지식을 필요로 하는 분야로 진출하는 것을 돕는 과정으로, 회계, 간호, 네트워크 기술,

---

12) Bucks County Community College의 홈페이지에서 관련 정보를 조사함.

법률 실무 등의 과정이 개설되어 있다. 이 과정은 대학을 졸업 후 바로 취업을 원하는 학생들을 위한 과정이지만, 학생들이 희망할 경우에는 해당 분야와 관련된 4년제 대학으로의 편입 기회도 제공하고 있다. 그리고 편입과정은 학생들이 4년제 대학으로 편입하는 것을 지원하는 과정으로, 이를 위해서 BCCC는 여러 4년제 대학과 편입협약(transfer agreement)을 체결하고 있다. BCCC와 편입 협약을 체결한 4년제 대학들에는 Temple University, Penn State, Bloomsburg, East Stroudsburg, Kutztown, Millersville, and West Chester 등이 있다.

② 선행학습평가 절차[13]

BCCC는 다양한 형태로 PLA를 인정하고 있으며, 이를 위해서 학생들의 선행학습에 대한 평가를 돕는 경험학습 코디네이터(Coordinator Experiential Learning)를 임명하고 있다. 일반적으로 PLA를 통해서 최대 인정될 수 있는 학점은 30학점이나, BCCC와 협약을 맺고 있는 기술고등학교의 졸업생들에게는 최대 33학점까지 인정된다. BCCC에서는 선행학습 평가를 통해 인정된 학점은 선행학습 학점(Prior Learning Credit)으로 불리며, 성적표에 CL 또는 LE로 표시된다. 이 학점은 BCCC의 정규 학점으로 인정되지만, 학생이 다른 대학으로 편입하려고 할 때는 편입하려는 대학의 정책에 따라 인정 여부가 결정된다. 따라서 4년제 대학 편입을 위해서 BCCC에 재학 중인 학생들의 경우에는 편입하려는 대학에서 BCCC의 선행학습 학점(Prior Learning Credit)을 그대로 인정해 주는가를 사전에 확인하는 것이 필요하다.

---

13) BCCC 대학의 선행학습평가 웹사이트(http://www.bucks.edu/pla/methods.php)에서 관련 정보를 구함.

BCCC에서 인정하는 선행학습 평가는 상당히 다양한데, 크게 시험 (exams), 협약(agreements), 포트폴리오(portfolio), 기타 방법으로 나눈다.

(가) 시험(exams)

☞ CREX(각 전공부서에서 시행하는 시험)

학생이 도전하려는 코스를 담당하는 BCCC 부서에서 직접 실시하는 시험이다. 인문대학, 경영대학, 자연대학, 보건간호대학, 언어문화대학, 사회과학 등에서 CREX 시험 대상 교과목들을 지정한다.[14]

☞ CLEP(College-Level Examination Program: 대학 수준 프로그램)

BCCC에서는 앞서 제시한 The College Board에서 실시하는 CLEP의 결과를 그대로 인정해 주고 있다.

☞ DANTES(DSSTs)

BCCC에서는 앞서 제시한 DANTES(군인들과 민간인들을 위한 훈련) 결과를 대학 수준의 선행학습으로 승인해 주고 있다.

☞ 뉴욕대학의 외국어과정(NYU FOREIGN LANGUAGE)

BCCC에서는 뉴욕대학(New York University)에서 실시하는 외국어 시험 결과를 선행학습 결과로서 인정해주고 있다.

---

14) CREX 시험이 인정되는 교과목 리스트는 http://www.bucks.edu/catalog/crex.php에서 찾을 수 있음.

(나) 협약(agreements)

☞ 기술고등학교와의 협약(Technical High School Agreements)

BCCC에서는 졸업생의 BCCC로의 자동진학과 관련된 협약을 체결한 기술고등학교에서 개설한 교과목 이수 결과와 현장실습 결과에 대하여 학점을 인정해 주고 있다. BCCC와 자동진학 협약을 체결한 기술고등학교의 졸업생이 자신이 고등학교에서 이수한 교과목에 대해 BCCC 학점을 인정받기 위해서는 대학과 기술고등학교 간의 협약에서 정한 일정 수준 이상의 학업성취도를 달성해야 하고, 또한 해당교과목과 관련된 BCCC 전공과정에 등록해야 한다. 그리고 기술고등학교의 졸업생이 자신이 고교 재학 시에 참여한 '현장실습'에 대하여 BCCC 학점을 인정받기 위해서는 대학과 기술고등학교 간의 협약에서 정한 일정 수준 이상의 성취도를 보여야 하고, 협약에 서술된 대로 현장실습을 성공적으로 이수해야 하며 경영대학(Business Studies department)의 직업과정 연구(Occupational Studies) 전공에 등록해야 한다.

☞ 도제 프로그램(Apprenticeship Program)

BCCC에서는 학생이 미국교육위원회(American Council on Education)에서 대학 학업 수준의 질을 가진 것으로 인정한 도제 프로그램(Apprenticeship Program)을 성공적으로 이수한 경우에 학점을 부여한다. 이와 관련하여 BCCC에서 인정하는 도제 프로그램을 운영하는 기관은 총 5개 기관(Independent Electrical Contractors, Inc., International Association of Heat and Frost Insulators and Asbestos Workers, International Training Institute for the Sheet Metal and Air Conditioning Industry

Laborers-AGC, National Joint Apprenticeship and Training Committee for the Electrical Industry, UAW-GM Center for Human Resources)이다. 이 프로그램들을 성공적으로 이수한 학생들이 「BCCC의 직업연구 전공 (Occupational Studies Major)」에 등록할 경우에 최대 33학점(선택 교과목의 학점)까지를 인정받을 수 있다.

☞ 이수증 또는 자격증

BCCC에서는 미국교육위원회(American Council of Education: ACE)나 뉴욕 주립대학(The University of the State of New York)에서 운영하는 전국 비대학 교수법 프로그램(National Program on NonCollegiate Sponsored Instruction: PONSI)의 이수증 또는 자격증을 BCCC 학점으로 인정해 준다.

☞ 기타 과정이수증

BCCC에서는 다음과 같이 일정한 과정이수증 또는 자격증을 취득한 경우에 학점으로 인정해 준다. BCCC에서 현재 관련된 과정이수증 또는 자격증을 취득한 경우에 학점으로 인정해 주는 전공으로는 형법학(Criminal Justice), 교육, 커뮤니케이션(Effective Speaking), 소방 및 응급재난대응(Fire Science/ Emergency Management), 보건·과학 (Health/ Science), 정보기술(Information Technology)을 들 수 있다. 이 가운데에 형법학과 정보기술 전공과 관련된 학점인정 사례를 제시하면 다음과 같다.

학문 분야	학점인정 과정/자격증	해당 교과목	학점
형법학 전공 (Criminal Justice)	ACT 210 (Pennsylvania police academy 과정)	CRIJ 100 Intro to Admin of Criminal Justice	3
		CRIJ 110 Crimes & Offenses	〃
		CRIJ 130 Criminal Investigation/Forensics	〃
		CRIJ 160 Juvenile Delinquency & Laws	〃
		HLTH 110 Responding to Emergencies	〃
		HLTH 140 CPR	〃
		총	16
	기초교정 훈련 (Corrections Basic Training)	CRIJ 275 Introduction to Correctional Administration	3
		CRIJ 260 Probation and Parole	〃
		HLTH 110 Responding to Emergencies	〃
		CRIJ 280 Cooperative Education -Correctional Admin	〃
		총	12
	보안관 대리직 기초 훈련 (Deputy Sheriff's Basic Training)	CRIJ 100 Intro to Administration of Criminal Justice	3
		CRIJ 110 Crimes and Offenses	〃
		CRIJ 120 Criminal Evidence	〃
		HLTH 110 Responding to Emergencies	〃
		HLTH 140 CPR	1
		총	13
	연방법실행 훈련 (Federal Law Enforcement Training)	CRIJ 130 Police Crime Lab	3
	ACT 135	998 Criminal Justice Elective	3
정보기술 (Information Technology) * 총 16학점까지 인정됨	Novell CAN or CNE	CISC 202 Network Administration	4
		CISC 203 Advanced Network Administration	4
	CompTIA Net +	CISC 143 Essentials of Networking	4
	CompTIA A+	CISC 128 Comparative Operating Systems	4
		CISC 201 Managing & Maintaining the PC	4
	Microsoft MCSE(current)	CISC 144 Introduction to Microsoft Desktop	4
	Cisco CCNA/CCNE	CISC235	4

자료: BCCC 웹사이트(http://www.bucks.edu/pla/certificates.php).

(다) 포트폴리오(Portfolio)

포트폴리오는 선행학습 평가인정을 받으려는 학생이 학점 인정을 받으려는 분야와 관련된 지식과 역량을 BCCC에서 요구하는 수준 이상으로 가지고 있음을 자신의 다양한 경험과 지식을 토대로 명확하게 기술하는 것이다. 포트폴리오의 내용은 학점 인정을 받고자 하는 교과목의 내용과 유사해야 한다. 포트폴리오를 인정받기 위해서 학생들은 포트폴리오당 $60.00의 심사비를 학교에 납부해야 하며, 평가결과가 C 이상인 포트폴리오에 한하여 선행학습 학점(Prior Learning Credits: PLC)이 인정된다. 선행학습은 동일한 학습경험에 대해서는 1회만 인정되며, A, B, C 학점 등으로 표기되지 않고, PLC로 몇 학점이 인정되었는지만 표기된다. 또한, 포트폴리오 평가를 받고자 하는 학생들은 1회에 1개의 포트폴리오 심사만을 요청할 수 있으며, 아울러 포트폴리오를 학교에 제출하기 전에 경험학습 담당 코디네이터를 수차례 만나서 컨설팅을 받을 것이 요구된다. 포트폴리오 평가는 해당 과정을 가르치는 전문가에 의해서 이루어진다. 포트폴리오의 질 보장과 관련해서는 앞서 제시한 CAEL의 학습평가를 위한 10개 기준(Ten Standards for Assessing Learning)이 적용되고 있다. 또한, BCCC에서는 포트폴리오 작성과 관련된 가이드라인을 제시하고 있는데, 그 내용은 다음과 같다.

〈표 13〉 포트폴리오 작성과 관련된 BCCC 가이드라인

1	이력서
2	대학 성적표(College transcript)
3	선행학습 경험을 적은 에세이(Prior learning experience essay) - 선행학습을 인정받고자 하는 교과목 내용이 자신의 경험의 일부임을 서술함.

4	해석(Narrative: 경험을 역량으로 해석함) - 선행학습을 인정받고자 하는 교과목 강의계획서의 주요 항목과 자신의 경험과 지식이 구체적으로 어떻게 유사한지를 서술할 것
5	작업 샘플(Samples of work) - 자신의 직업과 관련된 직무기술서, 근무실적 평가결과, 직무와 관련하여 자신이 작성한 문서, 교육훈련을 받으면서 자신이 적은 노트, 자신의 일에 관한 신문기사나 논문 등을 제출할 것
6	선행학습을 인정받고자 하는 교과목과 관련된 전문자격증(과정이수증) 또는 학위
7	적절한 증명 서한(Relevant, specific letters of verification)
8	기타 동영상, 음성 녹음, 사진 자료 등

주) 일반적으로 다음과 같은 내용이 포트폴리오에 포함되는 것이 필요하며, 전공별로 다소 차이가 있을 수 있음.
자료: BCCC 웹사이트(http://www.bucks.edu/pla/tablecontents.php).

(라) 기타

이외에도 BCCC에서는 대학학점 사전 취득 시험(Advanced Placement Examination), 군사훈련 이수증(Military Training: SMART transcript) 등을 선행학습 결과로서 인정하고 있다. 또한, 학점이 수여되지 않는 비학위과정이나 자격증 프로그램을 이수한 경우에도 BCCC 선행학습 평가를 신청할 수 있다.

4) 선행학습평가의 성과 및 이슈

(1) 성과

선행학습평가(PLA)는 성인학습자를 위한 대학교육기회 확대에 여러 측면에서 긍정적인 영향을 미치고 있는 것으로 보인다. 캐나다에 있는 7개 고등교육기관에서 실시된 PLA의 효과에 대한 Aarts 등(1999)의 연구에 의하면, PLA를 인정받은 학생들은 그렇지 않은 학생들에 비하여 학점이 높았으며, 졸업률 역시 높았다고 한다. 그리고

PLA는 학생들의 학교만족도, 학업에 대한 자신감 등의 심리적 요인에도 긍정적인 영향을 미치는 것으로 보인다. Pearson(2000), Boomazian(1994), 그리고 Dagavrian & Walters(1993)의 연구에 의하면, 포트폴리오 평가를 받은 학생들은 그렇지 않은 학생들에 비하여 학교생활에 대한 만족도가 높았고, 학업이수와 졸업에 대한 자신감도 높았음을 보여준다.

또한, 선행학습 평가를 위해 이루어지는 포트폴리오 작성을 통해서 학생들은 학점을 인정받을 뿐만 아니라, 학업능력과 체계화 능력도 함양하는 것으로 나타났다(Burris, 1997). PLA 학생과 그렇지 않은 학생들 간의 문제해결능력을 비교 분석한 LeGrow, Sheckley, Kahrhahn (2002)의 연구에 의하면, 풍부한 선행학습 경험을 가진 학생들은 해당 교과목을 이수한 학생들과 버금가는 수준으로 인지능력을 개발할 수 있음을 보여준다. 이러한 결과는 대학 수업의 효과성 제고를 위해서는 교실수업 개선만으로는 충분하지 않으며, 일터와 지역사회 등에서 학생들이 축적한 다양한 선행학습 경험을 이끌어낼 수 있는 성인학습자 친화적인 교수법이 필요함을 보여준다(CAEL, 2010a).

〈표 14〉 PLA 학점 취득 학생과 미취득 학생 간의 비교

학생 특성		PLA 학점 취득자	미취득자
대학 유형	2년제	53%	13%
	4년제	55%	24%
	영리 사립대학	74%	23%
	비영리 사립대학	58%	43%
	공립대학	49%	14%
보충학습	보충학습 이수함	58%	17%
	이수하지 않음	55%	28%
대학성적	3.0 이상	70%	64%
	2.0~.3.0	28%	24%

학자금 융자	지원받음	82%	24%
	안 받음	48%	17%

주) 총 48개의 미국 고등교육기관이 조사에 참여했음.
자료: CAEL(2010), Fueling the Race to Post-secondary Success.

이러한 긍정적인 결과는 최근에 이루어지는 CAEL(2010a)의 연구 결과에 의해서도 확인되었다. 총 48개 고등교육기관에 등록 중인 62,475명의 자료를 분석한 CAEL(2010a)의 연구에 의하면, PLA 학생들은 비교 집단에 비하여 졸업률, 학업지속률 면에서 우수한 결과를 보였으며, 또한 다수의 PLA 학생들이 학위취득을 위한 학업기간을 단축할 수 있었다고 한다.

(2) 이슈

앞서 살펴본 바와 같이, 선행학습평가는 성인학습자들이 직업과 사회생활을 통해서 습득한 지식과 경험에 대해 가치를 부여해 줄 뿐만 아니라, 대학교육에 소요되는 기간과 경비를 줄여줌으로써 고등교육 기회를 확대하는 데도 기여하고 있다. 하지만 기존의 대학 학점인정에 대한 대안적 방법이라고 할 수 있는 선행학습평가에 대한 우려도 적지 않다(Harriger, 1991; Baker, 2001; Aarts et al, 2003; McGuire, 2004).

첫째, 선행학습평가의 질 보장(quality assurance)과 관련된 이슈이다. 공신력 있는 시험(CLEP, DANTES 등) 결과를 선행학습으로 인정하는 경우에는 질 보장 이슈가 심각하게 제기되지 않지만, 학교 자체적으로 실시하는 선행학습평가시험, 포트폴리오 평가, 프로그램 이수에 대해서는 평가의 공정성, 객관성 확보가 중요한 이슈가 될 수 있다. 어느 수준이 적합한가는 개별 대학에서 판단할 사항이지만, 대학

학위에 주어지는 사회적 공신력을 고려할 때 일반적으로 인정되는 대학교육 수준의 경험과 지식만이 선행학습평가를 통해서 인정될 필요가 있기 때문이다.

둘째, 선행학습평가와 관련된 비용과 관련된 이슈이다. 선행학습평가 방법 중에 시험결과 인정방법은 많은 행정비용이 소요되지 않지만, 별도의 심사과정이 필요한 포트폴리오 평가의 경우에는 평가절차 운영을 위한 비용이 적지 않게 들 수 있다. 이를 위해서 개별 대학에서는 포트폴리오 평가 수수료를 학생들에게 부과하고 있지만 추가적인 비용을 학교에서 자체적으로 마련해야 할 경우가 종종 발생할 수 있다. 또한, 평가수수료를 지급하고도 학생의 포트폴리오가 통과되지 못할 경우에는 그에 따른 학생 불만 역시 학교 부담이 될 수 있다.

셋째, 선행학습평가 유형이 다양화되고 있지만 여전히 선행학습으로 인정되는 학습과 지식의 형태가 제한적이라는 문제를 가지고 있다. 지식과 기술의 급속한 발전에 따라 학습자들의 지식과 경험의 폭 역시 급격히 확장되고 있으나, 가장 유연한 선행학습평가제도라고 할 수 있는 "포트폴리오 평가" 역시 이수 면제를 받고자 하는 교과목의 강의계획서 내용과의 일치도 여부가 중요한 준거로서 작용하고 있기 때문이다.

마지막으로, 선행학습평가제도에 대한 사회적 인식이 여전히 미흡하다. 동 제도가 성인학습자들을 위한 고등교육 기회를 확대하기 위해서 활용될 수 있다는 점에 대한 사회적 인식도 부족하고, 아직도 이를 인정하지 않는 고등교육기관들도 적지 않다. 그리고 특정 고등교육기관에서 선행학습평가를 통해 획득한 학점을 다른 고등교육기관에서 인정해 주느냐 여부는 여전히 다른 기관에 달려 있다. 이러한 문제는 선행학습평가제도에 대한 사회적 신뢰가 아직도 미흡함을 반영해 주는 것으로, 이를 해결하기 위해서는 선행학습평가와 관련된 질 보장 장치를 강화할 필요가 있음을 보여준다.

5) 선행학습평가제도 도입 대학의 특성

위에서 살펴본 미국 대학의 운영 현황을 바탕으로 선행학습평가제도를 도입하고 있는 대학들의 특성을 항목화하여 제시하면 다음과 같고 필요한 대학에서는 학사제도 분석의 준거로 활용할 수 있다.

(1) 대학의 평생교육·성인학습에 대한 이해와 비전의 공유

대학의 성인학습에 대한 이해와 비전 공유는 성인학습 지원 방안 강구에서 기본이 되는 요소이다. 성인학습경험인정제도를 운영하는 매사추세츠 주립대학(Amerst 소재)의 University Without Wall(이하 UWW)에서는 성인학습자의 경험에 대해 학점을 부여하는 것은 성인학습자들의 경험에 의미를 부여하기 때문이라고 분명히 밝히고 있다. 즉, 성인학습자들이 경험에서 얻은 의미가 무엇인지 알고, 이것이 어떻게 현장에서 작용하는가를 제시할 수 있고 관련된 지식을 입증할 수 있다면, 대학은 이들의 경험을 학점으로 인정할 만하다는 것이다. 경험에 기초한 이해가 전형적인 대학 강의실에서 얻는 이해와 사고 수준보다 더 깊이가 있다는 확신을 갖고 있는 것이다.

(2) 다양한 과정과 활동에 대한 학점 반영과 유연성 있는 시간운영

미국 대학의 선행학습평가에서는 전통적인 주간 교육과정 이수뿐 아니라 다양한 과정과 활동을 학점으로 반영하고 있다. 이를 통해 학위취득에 소요되는 시간과 경비를 줄일 수 있어 성인학습자들의 학위 과정 참여를 촉진할 수 있기 때문이다. 예를 들어 UWW의 졸업을 위한 최소 이수학점 수는 120학점이지만 여기에는 편입학점(최대 75학점까지 인정)과 성인학습자를 위한 저녁, 주말, 온라인의 계속전문교육 과정, 전통적인 학생에게 제공되는 주간 과정, 개별 학습과 특별한 영역에 관심을 가진 학생 또는 시간 조정이 어려운 학생을 위해 보충적으로 운영되는 인턴십 과정(학생들은 교수와 함께 내용과 발표 방법, 자료제출 시기와 평가 등에 대해 지도받게 됨), 특별한 성적평가(구조화된 학습 경험, 자격증, 워크숍, 비학위과정 또는 프로그램 참여 경험 등으로 군대 경험, 은행 또는 보험회사에서의 직업 관련 훈련 등을 통해 얻은 훈련 경험 등), CLEP, 사전학습 포트폴리오를 통한 학점 등도 포함된다(Prior Learning Assessment Handbook, 2008).

그리고 교육과정 운영에 있어 유연성을 특징으로 하는데 예를 들어 저녁, 주말, 개별 수업, 온라인 등 다양한 시간과 방법으로 교육과정이 제공되므로 학습자의 일정에 따라 선택할 수 있는 범위가 크다.

(3) 경험을 학습으로 변환하는 교육과정 운영

체계적으로 선행학습평가제도를 실시하고 있는 대학들은 성인학습자의 개별성을 존중하며 이와 관련하여 자신이 가지고 있는 능력을 다양한 방법으로 표현할 수 있는 기회를 마련하고 있으며 이 과정에서 포트폴리오가 활용된다. 포트폴리오는 성인들의 비형식적 학습 경험을 공식적으로 인정해 주는 자원으로서 주목받는 의미 있는 성인학습자를 위한 교수 학습방법이다.

포트폴리오는 성인학습자가 그동안의 경험과 활동을 입증하는 문서를 비롯한 관련 자료를 수합하여 제시하는 관련 자료 모음과 성찰의 과정을 통해 학습자가 자신의 경험을 기록한 저널로 구성된다. 이러한 성인학습자의 경험에 관한 글쓰기 또는 '학습생애사'는 학습자와 학습과정에 초점을 두고 평생학습의 목적에 기초한 구상으로서 소외계층의 상황을 고려한 통합적 접근의 비형식·무형식의 학습을 인정하는 새로운 방식으로 평가받고 있다(김경애, 2007). 성인학습에서 포트폴리오의 역할은 수행평가, 전통적인 지필시험과 표준화된 검사를 대신하는 것 그 이상의 의미를 갖는데 그것은 직장과 지역사회 그리고 개인 학습에서 얻게 된 지식과 기술을 확인할 수 있는 기회를 갖게 된다는 점과 나아가 학습생활에 대한 기록이 되고 학생에게 사전 학습과 미래의 학습 그리고 자신에 대한 관점을 제공해 주는 역할을 한다는 점이다.

그러나 성인학습자의 포트폴리오가 대학 학습 수준으로 인정받아 학점이 부여되기까지는 상당한 시간과 노력이 투입되어야 하며 이를 수행하는 과정에서 적절한 지원이 필요하다. 왜냐하면 성인학습자들은 그들의 경험을 공식적인 틀에 맞추어 구체적인 학습경험 자료로 제시하는 데 필요한 글쓰기 경험이 부족하기 때문이다. 따라서 선행학습평가제도와 직접적인 관련을 갖는 대학들의 교육과정 운영은 대부분 포트폴리오 진행과 관련되어 있다.

(4) 전문 부서와 담당자에 의한 지원

선행학습평가제도를 체계적으로 운영하고 있는 대학들은 비전통적인 학습자의 특성을 반영하고 제도 운영의 전문성 확보를 위해 별도의 전문기관과 인력을 확보하고 있다. UWW는 어드바이저, 교수 후원인(Faculty Sponsor) 제도를 통해 전문성을 확보하고 있으며 이들의 역할은 매우 중요하다. 어드바이저는 해당 분야의 박사학위 소지자로서, 학생들의 학위 취득 계획을 돕고 학생이 학업과 현장 연계성과 연구를 확장할 수 있도록 돕는 역할을 수행한다. 포트폴리오를 위한 글쓰기 과정은 성인학습자들의 성찰 과정에 참여하여 돕고 있다. 이 밖에도 UWW에는 사전학습평가자(Prior Learning Evaluator), 학문 검토팀(academic review team) 등이 UWW 교수로 구성되어 성인학습자들의 학위계획과 15학점 이상을 원하는 포트폴리오를 검토한다(Prior Learning Assessment Handbook, 2008, p. 6).

Mayrlhurst 대학은 선행학습평가제도를 위해 Center for Experiential Learning and Assessment(CELA)를 별도로 설치하여 운영하고 있다. 이 기관은 포트폴리오와 관련한 글쓰기와 수학평가, 시험에 의한 학점 취득, 비학점 프로그램 등에 관한 업무를 담당한다. Mayrlhurst 대학에서도 전문가가 선행학습평가 프로그램에서 중요한 역할을 수행하게 되는데 학생들이 제출한 포트폴리오의 내용이 대학 수준으로 적합한지, 관련 전공 분야와 조화를 이루는지에 대해 평가한다(Center for Experiential Learning and Assessment, 2008).

DePaul 대학은 1972년부터 School for New Learning(SNL)을 설립하여 성인학습자들의 학업 수행과정을 지원하고 있다. 이 대학은 성인학습자들이 학업을 수행하는 데 적절한 멘토와 어드바이저의 지원이 중요하다고 보고 대학 소속의 교수는 교수 멘토, 해당 분야의 전문가는 전문 어드바이저로 하여 학생들의 학위과정에 대한 계획과 준비가 이들과의 긴밀한 관계 속에서 이루어질 수 있도록 지원하고 있다

(About the School for New Learning, 2008). 이러한 별도의 전문 인력과 부서는 질적인 수준을 확보하는 데 기여할 뿐 아니라 비전통적인 학습자가 지속적으로 대학 수준의 학업에 참여할 수 있는 풍토 형성에 기여한다.

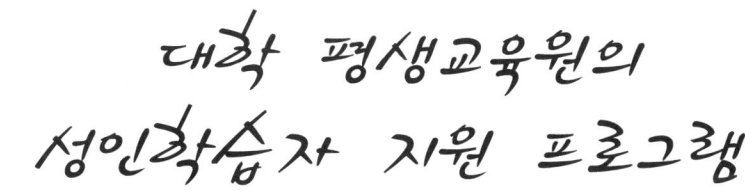

V

대학 평생교육원의
성인학습자 지원 프로그램

1. 북미 대학의 평생교육원 사례

지식기반사회, 평생학습사회의 도래에 따라 일터에서 요구되는 지식과 여량의 수준이 시속적으로 높아지고 있다. 특히, IT 기술의 급속한 발달로 인해 새로운 지식과 정보가 끊임없이 생성·소멸되면서 개인, 조직 모두 경쟁력을 확보하기 위해서 끊임없이 학습할 것이 요구되고 있다. 이에 따라 우리나라를 포함하여 대부분의 선진 국가에서는 뒤늦게 대학에 진학하는 성인학습자들이 현저하게 증가하고 있다. 그 대표적인 국가 중의 하나로서 미국을 들 수 있는데, 미국은 전체 대학생 중에 성인학습자 비율(입학 당시 만 25세 이상)이 약 40%(2009년)나 된다(NCES, 2010). 특히, 직업교육과정을 주로 운영하는 커뮤니티 칼리지(community colleges)의 경우, 성인학습자들은 가장 대표적인 학생 그룹이라고 할 수 있다.

이와 같이 미국 대학에 성인학습자들이 증가하게 된 원인은 1944

년에 제정된 「재향군인사회적응지원법」에 의해 제대 군인들에게 대학 학자금이 대규모로 보조된 데에서 찾을 수 있다(Thelin, 2004). 동법에 의해 제대군인들에게 대학 학자금이 지원되면서 성인학습자들의 대학 진학률이 급격히 상승하게 되었다(Cohen & Brawer, 1996). 특히, 학사 및 교육과정 등을 탄력적으로 운영하는 커뮤니티 칼리지에 성인학습자들이 급격히 늘어나게 되었다. 대부분 주(州) 정부에 의해 설립된 커뮤니티 칼리지들은 이민자, 저소득층 등과 같은 소외계층의 고등교육 기회를 확대하는 데 주력하고, 일과 학업을 병행할 수 있도록 유연한 교육시스템을 운영한다는 점에서 4년제 대학들과는 차별성을 가진다(AACC, 2010).

이하에서는 성인학습자들을 위한 대학 평생교육 프로그램을 모색하는 본 장의 목적에 맞추어 4개 미국 대학의 평생교육원 운영 사례를 제시하였다. 이를 위하여 우선 미국 정부의 성인학습자들을 위한 대학 진학 지원정책을 살펴보았고, 다음으로 커뮤니티 칼리지 2개교와 4년제 대학 2개교의 평생교육원 운영 사례를 분석하였다. 분석 결과를 토대로, 미국 대학 사례들이 국내 전문대학들의 평생교육 프로그램 개발과 관련하여 제시하는 시사점을 논의하였다.

1) 성인학습자의 대학 진학 지원 정책

지식과 기술의 발달 등에 따라 발생하는 직업세계의 변화를 따라가기 위해서 지속적으로 교육을 받는 것이 필요하지만, 가정과 일터에서 복합적인 역할을 맡고 있는 성인학습자들이 대학에서 학업을 이수하는 것은 쉽지 않다. 이에 따라 미국 정부에서는 인력투자법

(Workforce Investment Act)을 통해서 근로자의 능력개발과 대학교육을 연계하고 있다. 아울러 대학 학자금 지원과 세액공제 제도를 통해서 성인학습자들이 대학에서 학위 및 비학위과정을 이수할 수 있도록 지원하고 있다. 이러한 제도들을 각각 살펴보면 다음과 같다.

(1) WIA(Workforce Investment Act: 인력투자법) 프로그램

Workforce Investment Act(WIA) 프로그램은 연방정부, 주정부 및 지방정부간의 파트너십, 그리고 공공기관과 민간기관 간의 파트너십 형성을 통해서 '직업훈련, 성인교육 및 직업재활 고용서비스'를 원스톱 서비스로 통합하여 제공하는 프로그램이다(US Department of Labor, 1998). 이 프로그램은 과거에 여러 부처에 의해서 교육·훈련 프로그램이 실시됨으로써 발생하는 중복과 비효율을 줄이기 위해서 도입되었다(Social Policy Research Associates, 2004). WIA에 의해 각 지역에 지역인력투자위원회(Local Workforce Investment Board)가 설립되었는데, 여기는 산업체 대표, 커뮤니티 칼리지 대표 등과 같이 지역 내에 경제, 고용, 교육훈련 등과 관계되는 다양한 대표들이 참여하고 있다(GAO, 2008).

WIA와 관련하여 커뮤니티 칼리지가 수행하는 역할은 크게 세 가지로 구분할 수 있다(GAO, 2008, 변종임 외, 2010 재인용). 첫째, 주와 지역 차원에서 각각 운영되는 지역 인력투자위원회에 참여하여 지역 산업체의 교육 수요와 커뮤니티 칼리지 프로그램 공급 간의 균형을 맞추는 것이다. 둘째, 커뮤니티 칼리지 내에 WIA에 의한 원스톱 기구를 설치하여 교육훈련 수요 발굴, 상담 및 훈련 서비스 등을 직접 연계해 주는 것이다. 셋째, 원스톱센터 이용자들에게 교육프로그램을 제공함으로써 WIA 교육훈련 프로그램의 질을 높이는 것이다. WIA 교육훈련을 받을 자격이 인정되는 성인은 교육훈련을 선택할 수 있는 개인훈련계좌(Individual training accounts)를 받게 되는데, 이를 커뮤니티 칼리지 등을 포함한 다양한 훈련기관에서 사용할 수 있다(US DOL, n.d). 이와 같이 커뮤니티 칼리지는 성인학습자들을 위한 직업교육을 공적 재원을 활용하여 무상으로 제공하는 역할을 담당하고 있다.

(2) 대학 학자금 지원 프로그램

앞서 살펴본 WIA 외에도 미국 대학에 성인학습자들이 증가하는 데는 대학 학자금 지원제도(student aid)와 세액공제(tax credit)제도가 크게 기여하고 있다. 대학 학자금 지원은 일반 대학생이나 성인대학생 모두 차별 없이 제공되며, 학자금 보조(Grants), 근로장학 프로그램(Federal Work-Study Program), 학자금 융자(Loans), 연방장학금(Federal Scholarship)으로 구분된다(Federal Student Aid Information Center, n.d). 이 중에 학자금 보조(Grants)는 저소득층 학생에게 무상으로 제공되는 지원금으로, 구체적인 지원액은 학생의 경제적 상황, 재학소요경비(COA)[15] 및 등록형태(정시제, 시간제)에 따라 다르다. 근로장학 프로그램(Federal Work-Study Program)은 학자금 지원이 필요한 대학(원)생이 교육비를 스스로 지불할 수 있도록 대학 캠퍼스 내외에서 일할 수 있는 기회를 제공해 주는 프로그램으로, 참여하는 학생들에게는 최저임금 이상의 임금이 지급된다. 학자금 융자(Loans)는 졸업 후 상환의무가 수반되며, 보조금과 달리 대학(원)생뿐만 아니라 '학부모'에

---

15) 재학소요경비(Cost of Attendance)에는 등록금, 수업료, 기숙사비, 식비, 교재비 및 교통비가 포함됨.

게도 제공되는 특징이 있다(Federal Student Aid Information Center, 2009).

이외에도 미국 연방정부에서는 고등교육 기회를 확대하기 위해서 희망장학금 세액공제(Hope Scholarship Tax Credit: HSTC), 평생학습 세액공제(Lifelong Learning Tax Credit: LLTC), 미국인 고용기회 세액공제(American Opportunity Credit: AOC)를 운영하고 있다(IRS, 2010). 동일한 학생에 대해서는 한 가지 세액공제만이 인정된다. 희망장학금 세액공제(Hope Scholarship Tax Credit: HSTC)의 경우, 2010년 소득에 대해서 학생이 대학에 진학한 후 교육비(등록금 및 수업료)로 처음으로 사용한 $2,000에 대한 100% 세액공제와 추가로 지출한 $2,000의 25%에 대해 세액을 공제해 준다(FinAid, n.d.).

평생학습 세액공제(LLTC)는 고등교육과 직업교육 등을 위해 소요된 비용을 "가족 단위"로 연간 최대 $2,000(2010년 기준)까지 공제해 주는 제도이다. 학위과정뿐만 아니라, 대학 평생교육원 수강비도 시원해 주는 특성을 가지고 있다. 그리고 미국인 고용기회 세액공제(AOC)는 시간제·전일제로 학위과정에 등록한 대학생들에게 연간 최대 $2,500까지 세액공제를 인정해 주는 제도이다. AOC는 HSTC나 LLTC와 달리, 공제 대상에 수업료 이외에 기타 교육경비(교재, 문구 등)도 포함된다(IRS, 2010, 변종임 외, 2010 재인용).

2) 대학 평생교육원 운영 사례 분석

미국 대학의 평생교육원 운영 사례를 분석하기 위하여 2개의 커뮤니티 칼리지 사례와 2개의 4년제 대학 사례를 살펴보았다. 커뮤니티 칼리지 사례로는 미국 감사원(Government Accountability Office)에 의해 WIA법에 의한 인력개발과 관련하여 우수 사례로서 제시된 살렘 커뮤니티 칼리지(Salem Community College)와 평생교육 프로그램을 활발히 운영하고 있는 켈로그 커뮤니티 칼리지(Kellogg Community College)를 살펴보았다. 그리고 4년제 대학 사례로는 미국 대학 차원의 평생교육을 활성화하는 데 많은 기여를 했다고 평가받는 위스콘신 대학(University of Wisconsin)과 성인학습자들의 전문성 개발 및 교양 증진을 위해 다양한 과정을 운영하고 있는 버클리 대학(University of California, Berkeley)을 고찰하였다.

(1) 살렘 커뮤니티 칼리지(Salem Community College)[16]

① 대학 개황[17]

살렘 커뮤니티 칼리지(Salem Community College: SCC)는 미국 동부에 있는 뉴저지(New Jersey) 주의 살렘 지역에 위치한 2년제 공립대학으로, 1958년에 설립된 전문직업기술 교육기관인 살렘 카운티 기술연구소(Salem County Technical Institute)에 그 기원을 두고 있다. SCC는 기술교육 및 보건교육에 중점을 두고 있으며, 중부지역 고등교육위원회(Middle States Commission on Higher Education)로부터 대학평가인증을 지속적으로 받고 있는 대학이다. SCC에는 학기당 약 1,500명의 학생이 등록하고 있고, 다양한 전문학사 학위과정(A.A., A.S., A.F.A. and A.A.S)[18]과 40여 개의 자격증 과정이 개설되고 있다.

---

16) 이 부분은 집필자가 「휴먼뉴딜을 위한 대학평생학습 실태분석 및 개선방안 연구(변종임 외, 2010)」를 위해 작성한 내용을 수정 보완한 것임.

17) SCC에 관한 정보는 SCC 홈페이지(http://www.salemcc.edu/student-services/index.html)에서 인용한 것임.

18) A.A(Associate in Arts), A.F.A(Associate in Fine Arts), A.S.(Associate in Science), A.A.S(Associate in

SCC는 2007년부터 뉴저지 주 근로자들에게 교육훈련 프로그램을 무상으로 제공하는 「기초역량 인력훈련 프로그램(Basic-Skills Workforce Training Program: BSWT 프로그램)」을 운영하고 있다.

이 프로그램은 뉴저지 상공회의소, 커뮤니티 칼리지 및 뉴저지 주정부의 노동·인력개발부 간의 파트너십에 의해 운영되고 있다. 상공회의소에서는 기업·산업체들의 직업훈련 수요를 파악하여 이를 커뮤니티 칼리지들이 충족시킬 수 있도록 연계 기능을 담당하고 있고, 노동·인력개발부에서는 필요한 재정(1.33백만 달러)을 지원하고 있다(NJBIA, n.d.). BSWT 프로그램은 2011년 현재 4년차에 접어들며, 1,100개 회사의 12,500명의 직원을 교육시킨 성과를 달성하였다(NJBIA, n.d.). 이외에도 SCC는 뉴저지 주에 있는 다른 18개의 커뮤니티 칼리지들과 함께 2008년부터 뉴저지 주정부로부터 재정지원을 받아서 「지역고용주협의체와 컨소시엄(The New Jersey Community College Consortium for Workforce and Economic Development)」을 구성하여 지역산업체들에 직업교육훈련을 제공하고 있다(GAO, 2008).

② 평생교육 프로그램

살렘 커뮤니티 칼리지(SCC)는 지역의 성인학습자들을 위하여 다양한 유형의 평생교육 프로그램(비학위과정)을 운영하고 있다(SCC, n.d.). 학점(credit)이 인정되는 비학위과정으로 자격증 과정(Certificate Programs), 직업자격증 과정(Career Certificate Programs), 특별 시리즈 과정(Specialist Series Program)을 운영하고 있다. 이 중에 전문사석승 과정은 최근에

Applied Science).

에너지 위기가 발생함에 따라 수요가 증가하고 있는 에너지 관련 전문가 양성에 중점을 둔 특화과정이라고 할 수 있다.

〈표 15〉 Salem Community College의 비학위과정(학점 인정 과정)

과정 명	세부 프로그램
자격증 과정 (Certificate Programs)	행정 보조(Administrative Assistant), 사례 관리(Case Management), 응급서비스 (Emergency Services), 의료 코딩(Medical Coding), 개별 트레이너(Personal Trainer), 약제학 기술자(Pharmacy Technician), 실용 간호(Practical Nursing), 사회 서비스(Social Service), 지속가능한 에너지 기술(Sustainable Energy Technology), 웹 페이지 디자인(Web Page Design)
직업자격증 과정 (Career Certificate Programs)	비즈니스/준전문가경영(Business/Paraprofessional Management), 지속가능한 에너지 기술: 에너지 감시관 과정(Sustainable Energy Technology: Energy Auditor), 지속가능한 에너지 기술: 광발전 시스템 전문가 과정(Sustainable Energy Technology Sustainable Energy Technology: Photovoltaic Systems)
특별 시리즈 과정 (Specialist Series Program)	그래픽 아트 및 웹디자인 과정(Graphic Arts & Web Design)

자료: Salem Community College 홈페이지(http://www.salemcc.edu).

이외에도 SCC에서는 비학점 및 지역사회 과정(Noncredit & Community Education)으로 대학 부설 기관인 The Allied Health Institute(AHI)에서 운영하는 보건프로그램, 성인기초 교육과정(The Adult Basic Education) 및 고졸 학력 인정 검정고시과정(General Education Development), 외국인을 위한 영어교육 튜터링 과정, 고등학생들을 위한 과정(Programs for High School Students), 맞춤형 훈련과정 등을 <표 16>과 같이 운영하고 있다.

<표 16> Salem Community College의 비학점과정

과정 명	세부 프로그램
The Allied Health Institute(AHI)의 보건 프로그램	• 직업과정: 사혈(phlebotomy: 瀉血)과정, 의료 보조(medical assisting), 마사지 테라피(massage therapy) • 단기속성과정: 개인 피트니스 훈련과정(personal fitness training) • 보건분야 전문직(간호사, 마사지 테라피스트, 피트니스 트레이너)을 위한 계속교육과정 • 일반인들의 건강관리를 위한 워크숍과정
성인기초교육과정(The Adult Basic Education) 및 검정고시과정(General Education Development)	• ABE/GED 과정: 미국 성인/외국인들을 위한 고졸검정고시(GED) 준비과정 • ABE 강화 프로그램: 고졸 상당 학력은 있으나, 수학, 작문, 읽기 능력을 향상하기를 원하는 성인들을 위한 프로그램
외국인을 위한 영어교육 튜터링 과정 (English as a Second Language Tutoring Program)	• 외국인을 위한 영어교육 튜터링 과정
고등학생들을 위한 과정 (Programs for High School Students)	• 고등학생들에게 학점을 인정해 주는 과정으로, 과학, 공학, 커뮤니케이션 관련 과정을 제공하고 있음
맞춤형 훈련과정 (Customized Training)	• 지역기업 및 산업체 근로자들의 교육수요에 맞추어 맞춤형 훈련 제공 • 훈련과정 예시: 컴퓨터 응용, 고객서비스, 산업처리기술(industrial process technology), 계측(instrumentation), 전기기술, 경영발전, 감독기술, 인간관계 등

(2) 켈로그 커뮤니티 칼리지(Kellogg Community College)[19]

① 대학 개황

미시간 주에 위치해 있는 켈로그 커뮤니티 칼리지(Kellogg Community College: KCC)는 1956년에 Battle Creek 교육위원회에 의해서 설립되었다. KCC는 각기 다른 곳에 위치한 4개의 센터(Eastern Academic Center, Grahl Center, Fehsenfeld Center, Regional Manufacturing Technology Center)를 통해서 약 100개의 대학편입과정, 약 40개의 전문학사과정

---

19) KCC에 관한 정보는 KCC 홈페이지(http://www.kellogg.edu/about/index.html)로부터 인용한 것임.

(보건, 비즈니스, 비서, 기술 및 공공 과학 분야), 30개의 자격증 과정 등을 운영하고 있다.

KCC는 지역 주민들을 위한 다양한 평생교육 프로그램과 지역 산업체와 기업을 위한 맞춤형 훈련서비스를 제공하고 있다. 맞춤형 훈련서비스와 관련하여 KCC는 미시간 고용위원회(the Michigan Jobs Commission)로부터 지난 수년간 2백만 달러를 지원받아 왔다. KCC는 미국 북부에 있는 고등교육기관들에 대한 평가인증을 담당하는 북중앙 대학 및 학교협의회의 고등교육위원회(Higher Learning Commission of the North Central Association of Colleges and Schools)로부터 2002년 1학기에 평가인증을 받았으며, 이에 따라 KCC 재학생들은 연방교육부에서 제공하는 다양한 학자금 융자를 받을 수 있다(KCC, n.d.).

② 평생교육 프로그램

켈로그 커뮤니티 칼리지(KCC)의 평생교육부서(Lifelong Learning Department)에서는 일반 학위과정 외에 커리어 프로그램(Career Programs), 자격증 과정, 비학점 프로그램(non-credit program)을 제공하고 있다. 커리어 프로그램은 직업 탐색이나 전직을 돕기 위한 프로그램으로, 프로그램을 이수하면 자격증 또는 전문학위가 제공된다. 2011년 현재 커리어 프로그램(Career Programs)은 <표 17>과 같이 10개 분야로 운영되며, 분야별로 세부 프로그램이 개발되어 있다. <표 17>에서 알 수 있듯이, KCC는 산업기술의 발달 등을 반영하여 커리어 프로그램을 체계적으로 개발하고 있다.

〈표 17〉 Kellogg Community College의 커리어 프로그램(Career Programs)

과정 명	세부 프로그램
건축 및 건설 (Architecture and Construction)	• CAD 도안 및 디자인(Computer-Aided Drafting and Design)
아트, 오디어/비디오 기술 및 커뮤니케이션 (Arts, Audio-Video Technology, and Communication)	• 사진 및 멀티미디어(Photography and Multimedia) • 그래픽 디자인(Graphic Design)
비즈니스·경영·행정 (Business, Management, and Administration)	• 회계, 비즈니스 경영 • 군사물자 관리(Defense Logistics) • 기업가 정신(Entrepreneurship) • 사무 정보기술(Entrepreneurship)
유아교육 및 교육 (Early Childhood & Education)	• 유아교육 및 초중등교육(Early Childhood & Education Elementary and Secondary Education) • 직업교육(Occupational Education)
보건과학 (Health Science)	• 치과 위생(Dental Hygiene) • 자기공명(Magnetic Resonance Imaging) • 의학실험기술(Medical Laboratory Technology) • 간호(Nursing) • 물리치료 보조(Physical Therapist Assistant) • 방사선 사진술(Radiography)
휴먼서비스(Human Services)	• 휴먼서비스
정보기술 (Information Technology)	• 컴퓨터 공학기술, 컴퓨터 네트워킹 • 컴퓨터 관련 자격증 준비과정
법·공공안전·교정 및 안전 (Law, Public Safety, Corrections and Security)	• 응급의료 서비스, 의료보조, 기초응급 테크니션, 1차의료 응답 자 과정(Emergency Medical Services, Paramedic Basic Emergency Medical Technician, Medical First Responder) • 교정 아카데미, 형법·법집행·경찰 아카데미·공공안전 방 재 과학(Fire Science), 법률 보조(Paralegal)
생산(Manufacturing)	• 도제(Apprenticeship), 산업 전기 및 전자공학 • 산업 HVAC 및 냉장(Industrial HVAC and Refrigeration) • 산업기계 도구(Industrial Machine Tool), 산업 파이프피팅 (Industrial Pipefitting), 산업 로보틱스(Industrial Robotics) • 산업 용접(Industrial Welding), 산업관련 준비 과정(산업 계측 등)

자료: Kellogg Community College 홈페이지(http://www.kellogg.edu).

이외에도 KCC의 평생교육부서에서는 교양 증진 및 직업 소양 개발에 도움이 될 수 있는 다양한 평생교육 프로그램을 운영하고 있다. 평생교육 프로그램은 예술과 공예, 음악과 작문, 커리어와 자격증 과정, 비영리 훈련과정, 컴퓨터 및 기술, 온라인 학습, 커뮤니케이션과 마케팅, 개인 및 자아 개발, 피트니스(Fitness), 건강 및 홀리스틱(holistic) 삶, 가정과 정원, 와인과 요리, 언어(languages) 과정, 자산과 재정건강 등으로 구성되어 있다. 각 과정은 특성을 살려서 세부 교과목으로 구성되어 있는데, 그 내용은 Kellogg Community College의 평생교육부서 웹사이트(http://www.kellogg.edu/lifelong/classes.html)에 제시되어 있다. 그리고 KCC에서는 「퇴직자들을 위한 평생교육연구소(The Institute for Learning in Retirement: ILR)」를 지원하고 있다. ILR은 1993년에 KCC 주변에 거주하는 퇴직자들에 의해서 조직된 지역 커뮤니티 조직으로서 평생학습을 위해서 결성되었다. ILR 멤버들이 대학 수준의 프로그램을 직접 개발하고, KCC에서는 프로그램이 운영될 수 있도록 수업장소 등을 제공한다.

(3) 위스콘신 대학(University of Wisconsin)

① 대학 개황[20]

위스콘신 대학(University of Wisconsin)은 앞서 언급한 바와 같이 미국 4년제 대학들에서 평생교육이 활성화하는 데 결정적인 토대를 마련한 대학이다. 1907년에 동 대학에서 '대학확장부'를 조직하면서 다른 대학에도 대학평생교육원이 만들어지기 시작했다(김선호, 2004).

---

20) 관련 정보는 위스콘신 대학의 홈페이지(http://www.wisc.edu/about/facts)로부터 발췌함.

대학 확장부는 소위 '위스콘신 아이디어(Wisconsin Idea)'를 구체화한 것으로, 대학교육의 혜택이 비단 대학 구성원뿐만 아니라, 위스콘신 주의 모든 주민에게 미쳐야 한다는 정신을 기본으로 하고 있다 (McCarthy, 1912).

이와 같은 역사적 전통하에 위스콘신 대학에서는 일반 대학생들을 위한 학위과정 외에 '위스콘신 확장대학(University of Wisconsin-Extension)'을 설립하여 성인학습자들을 위한 학위/비학위과정을 온라인으로 운영하고 있다. 이외에도 위스콘신 대학에서는 성인학습자들의 학위과정 참여를 촉진하기 위해 「성인 학생 이니셔티브(Adult Student Initiative: ASI)」를 추진하고 있는데, 주요 내용으로 성인학습자 상담서비스 제공, 원스톱 대학 정보 서비스 시스템 구축 방안 등이 포함되어 있다. 또한, 위스콘신 대학은 위스콘신 주정부로부터 2.5만 달러를 제공받아서 성인학습자들 위한 단기과정 개발, 온라인 학위과정 확대, 선행학습(prior learning) 학점 인정, 성인학습자 서비스 등을 개발하고 있다(UW Colleges & UW-Extension, 2008).

② 평생교육원(Continuing Studies at UW-Madison) 프로그램

〈표 18〉 위스콘신 대학(Madison)의 평생교육원 프로그램(2011년)

프로그램	특 성
경력 워크숍 (Career workshops)	경력 개발/경력 전환 등에 관한 정보 제공
전문인들을 위한 캡스톤 자격과정 (Capstone Certificates for professionals)	학사학위 소지자에게 직업기술 및 자격 획득을 지원하는 대학원 수준 프로그램. 단, 학위는 수여되지 않지만 성적표에는 이수 여부가 표기됨

학점인정 수업 (Credit classes: 학위· 비학위과정수업)	위스콘신대학에 등록한 학생들은 모두 학점인정 수업을 들을 수 있음. 단, 성인학습자는 특별 청강생이나 방문 청강생으로 수강 가능
원격학습 (Distance learning)	학위과정, 대학원과정, 비학위과정 학생들 모두 수강 가능하며, 학점인정 과정과 비인정 과정으로 구분됨
교육여행 프로그램 (Educational travel programs)	해외여행 프로그램
계속교육 (Continuing education: 학점 불인정)	예술: 미술, 창조적 작문, 댄스, 음악, 연극 경력개발: 커리어 프로그램, 원격교육전문성 개발 프로그램, 리더십 및 경영 의사소통: 사업 작문(business writing), 다양성, 인간관계기술, 마케팅, 비 영리 및 녹색 개발, 출판 및 웹디자인 교육여행·영어·강의: 자유주제프로그램, 교육 여행, 역사, 외국어강좌, 문학 인적서비스·보건: 노화 및 장기보호, 알코홀 및 기타 약물중독 이슈, 성 직자, 리더십 및 경영, 지역사회 및 보건, 명상 및 갈등해결 등 캠퍼스 파트너: 농업 및 생명공학, 경영, 교육, 공학 및 계속교육 등 특별 프로그램: 교사, 시니어 러닝 프로그램, 청소년 프로그램
독립학습 (Independent learning)	원격교육을 통한 개인 독립학습과정으로 학점이 인정됨
오디세이 프로젝트 (Odyssey Project)	소외계층을 위한 인문교양 프로그램
시니어 러닝(PLATO 포함) (Senior Learning)	50세 이상 중고령층을 위한 평생교육 프로그램 운영 기관(비학점과정, 시 니어 청강수업(강사 동의하에 청강 가능))
인성함양 프로그램 (Personal enrichment classes)	다양한 인문교양, 진로상담 프로그램으로 구성됨
전문성 개발 프로그램 (Professional development)	경력개발, 전문역량 함양 프로그램으로 구성됨
하계 프로그램 (Summer Session and summer programs)	하계 방학 프로그램
청소년 프로그램 (Youth programs)	청소년 프로그램

위스콘신 대학(매디슨 캠퍼스)의 평생교육원(Continuing Studies at UW-Madison)에서 성인학습자들을 위한 평생교육을 담당하고 있다.

평생교육원에서는 교양교육뿐만 아니라 다양한 직업교육 과정을 운영하고 있으며, 전직(轉職), 대학 진학 등을 준비하는 성인학습자들에게 진로 및 교육 상담 서비스를 제공하고 있다. <표 18>과 같이 평생교육원에서는 성인학습자뿐만 아니라, 일반 대학생, 예비대학생, 지역사회 청소년들을 위한 다양한 프로그램을 운영하고 있다.

이외에도 평생교육원에서는 지역의 고령층(seniors)을 위해서 시니어 학습조직인 PLATO(Participatory Learning and Teaching Organization)를 후원하고 있다. 50세 이상의 성인들은 학력에 상관없이 PLATO에 가입할 수 있으며, 학기당 30개 정도의 참여 학습 과정, 강의 및 이벤트 등에 참여하고 위스콘신 대학 도서관도 사용할 수 있다. 위스콘신 평생교육원에서는 PLATO의 교육프로그램 운영 및 행정업무 등을 지원하고 있다.

(4) 버클리 대학(University of California, Berkeley)

① 대학 개황

1868년에 설립된 버클리 대학(University of California, Berkeley)은 미국 서부의 샌프란시스코 만(San Francisco Bay)에 위치해있으며, 캘리포니아 주립대학 시스템에 속하는 주립대학 중 하나이다. 이곳은 2010년 9월 현재 약 35,838명(학부생: 25,540명, 대학원생: 10,298명)이 재학 중이고, 2009/10학년도에 약 10,383개의 학위가 수여될 정도로 대규모 대학이다(UC Berkeley, n.d.). 버클리 대학은 세계적으로 저명한 연구중심대학이지만, 주립대학으로서 주민들의 교육 역량을 증진하기 위해서 다양한 교양교육 및 전문교육과정을 운영하고 있다.

② 평생교육원 프로그램

버클리 대학의 평생교육원에서는 성인학습자들의 전문성 개발 및 교양 증진을 위해서 온라인/오프라인으로 일반과정, 자격증과정, 온라인과정, 국제학생과정, 기업교육과정 등을 운영하고 있다. 이 중에 일반과정으로는 다음과 같이 10개 과정이 운영되고 있으며, 과정별로 자격증과정이 연계되어 운영되고 있다.

이외에도 버클리 대학의 평생교육원에서는 학사과정을 졸업한 외국인 학생들이 전문지식을 획득할 수 있도록 일반과정과 자격증 과정을 운영하고 있다. 아울러, 기업들이 원하는 직업교육훈련을 버클리 대학 캠퍼스나 해당 기업 등에서 제공하고 있다.

〈표 19〉 버클리 대학 평생교육원의 일반과정(2011)

영역	세부 프로그램
예술 및 디자인	시각 예술, 그래픽 및 인터랙티브 디자인, 인테리어 디자인 및 인테리어 건축, Landscape 건축, 지속가능한 디자인
행동 및 보건 과학	상담 및 심리치료, 알코올 및 약품 중독, 공공보건 및 경영, 일반심리학
경영	회계, Agile Management, 기업경영, 경영분석, 기업 커뮤니케이션, 경제학, 창업가 정신 및 소기업 경영, 재정, 인적자원관리, 법, 리더십 및 경영, 부동산, 마케팅, 프로젝트 경영, 개인 재산계획 및 자산 경영 등
컴퓨터 기술 및 정보공학	비즈니스과정 경영, SAS, SPSSS 양적 분석, 데이터 관리, 정보시스템 및 경영, 오픈 소스 및 운영체제, 가상 및 클라우드 컴퓨팅 등
교육	교사자격 프로그램, 제2외국어로서 영어교육 자격증 과정, 중국어 과정, 대학입학 및 경력 개발, 교육자를 위한 재교육과정
공학·건설, HVAC & LEED	건축, HVAC, LEED 및 녹색 빌딩, 시설, 에너지, 태양열, 전기공학, 스마트 그리드 기술, 통합회로 디자인 및 공학
인문·언어·인성	인문, 인성, 와인 및 음식연구, 언어, 외국인을 위한 영어과정, 작문 등
과학·바이오기술·수학	보건전문가 과정, 생물학, 고급 생명과학, 화학, 물리학, 바이오기술 및 바이오 비즈니스, 임상 및 규제 과학 등
지속가능성 연구	지속가능한 디자인, 녹색화학, LEED & GREEN 빌딩, 태양열 등
작문·편집·기술 커뮤니케이션	편집, 기술적 커뮤니케이션, 작문, 비즈니스, 커뮤니케이션

자료: UC Berkeley Extension(n,d.). http://extension.berkeley.edu/writing/.

3) 북미 대학 사례의 시사점

　이상에서 살펴본 바와 같이, 미국에서는 성인학습자들을 위한 고등교육기관이라고 할 수 있는 커뮤니티 칼리지 대학뿐만 아니라, 세계적으로 저명한 연구중심대학에서도 평생교육 프로그램이 활발히 운영되고 있다. 평생학습사회, 지식사회의 도래에 따라 새로운 지식과 기술을 배우려는 성인학습자들이 늘어나고 있기 때문이다. 이와 같은 미국 대학 사례는 국내 전문대학의 평생교육 프로그램을 혁신하는 데 참고가 될 수 있는 시사점들을 다음과 같이 제시할 수 있다.

　첫째, 정부 재정사업 등을 활용하여 전문대에서 산업체 근로자 등을 대상으로 실시할 수 있는 직업훈련과정을 개발할 필요가 있다. 그동안 정규 학위과정으로 산업체 위탁교육이 활발히 진행되어 왔는데, 앞으로는 기업들의 단기교육 수요를 충족시킬 수 있는 직업훈련교육과정도 다양한 형태로 개발될 필요가 있다.

　앞서 살펴본 바와 같이, 살렘 커뮤니티 칼리지(Salem Community College)에서는 인력투자법(Workforce Investment Act)과 연계하여 지역산업체들을 위한 직업훈련과정을 제공하고 있으며, 켈로그 커뮤니티 칼리지(Kellogg Community College)에서도 미시간 고용위원회(the Michigan Jobs Commission)와 협력하여 지역 산업체를 위한 맞춤형 훈련서비스를 제공하고 있다. 이러한 사례들을 벤치마킹하여 국내 전문대학들도 중소기업에 대한 정부의 교육훈련 지원정책 등과 연계하여 장단기 직업훈련과정을 적극적으로 개발할 필요가 있다.

　둘째, 산업기술의 발달에 따른 직업기술 수요 변화를 체계적으로 예측하여 전직(轉職) 준비를 도와줄 수 있는 다양한 커리어 프로그램과 자격증 과정을 온라인/오프라인으로 개발할 필요가 있다. 평생직장 시대가 사라진 상황에서 대부분의 성인들이 일생 동안에 여러 차례 전직을 할 가능성이 높기 때문이다. 이에 따라 전직을 위한 준비교육 수요는 계속 증가할 것으로 보이는데, 이러한 수요를 충족시킬 수 있는 과정이 운영될 경우에 전문대학의 평생교육도 활성화될 수 있을 것이다. 앞서 살펴본 바와 같이, 미국의 커뮤니티 칼리지와 4년제 대학 모두 전직이나 경력개발에 필요한 커리어 프로그램을 운영하고 있다. 특히, 최근에 녹색성장이 강조되면서 에너지, 환경, 녹색산업 등에 종사할 전문가 양성과정도 늘어나고 있다. 우리나라의 경우, 아직은 대부분의 평생교육원에서 교양이나 취미 과정 개설이 주로 이루어지고 있으나, 산업 변화를 반영하여 다양한 커리어 프로그램을 운영할 필요가 있다.

셋째, 중고령층을 위한 직업과정과 교양과정을 확대하여 운영할 필요가 있다. 앞서 살펴본 바와 같이 미국에서는 대학을 졸업한 후에 다시 대학 평생교육원 등에서 재교육을 받는 것이 평생학습사회의 핵심적인 트렌드가 되고 있다. 이는 버클리 대학이나 위스콘신 대학과 같은 연구중심대학에서도 평생교육원의 기능을 활성화하여 다양한 직업과정과 교양과정을 제공하는 데서도 알 수 있다. 우리나라의 경우, 경제사회 수준이 향상됨에 따라 대학에서 교육받기를 희망하는 중고령층이 증가하는 추세를 보이고 있다. 전직이나 경력개발을 위해 고급 수준의 재교육을 받기를 희망하는 중고령층도 늘어나고 있는 반면, 양질의 교양교육을 받고자 하는 중고령층도 늘어나고 있다. 따라서 이런 증가세를 보이고 있는 중고령층의 교육적 요구를 적극적으로 흡수할 수 있는 교육 프로그램들이 개발될 필요가 있다.

넷째, 인구 고령화에 따라 날로 늘어나는 시니어층(seniors)의 교육적 요구를 충족시켜 줄 수 있는 프로그램이 확대될 필요가 있다. 시니어층이 두터워지면서 복지서비스 외에도 교육서비스 등과 같이 다양한 서비스를 원하는 고령 인구가 확대되고 있기 때문이다. 앞서 살펴본 바와 같이, 미국 대학에서는 시니어들을 대상으로 하는 교육여행 프로그램, 인문학 프로그램 등을 개발하고 있으며, 아울러 대학 봉사의 일환으로서 시니어들의 평생교육활동을 지원하고 있다. 위스콘신 대학의 평생교육원에서는 시니어 학습조직인 PLATO(Participatory Learning and Teaching Organization)를 후원하고 있고, 켈로그 커뮤니티 칼리지(Kellogg Community College: KCC)에서도 퇴직자들을 위한 평생교육연구소(The Institute for Learning in Retirement: ILR)를 지원하고 있다. 우리나라에서도 평생학습을 희망하는 시니어층이 계속 증가할 것으로 예측되므로, 대학 평생교육원들에서도 이들의 교육 욕구에 보다 많은 관심을 기울일 필요가 있다.

마지막으로, 대학 평생교육원의 교육 대상을 다각화하려는 적극적인 노력이 필요할 것이다. 앞서 살펴본 미국 대학의 평생교육원들은 일반 성인학습자뿐만 아니라, 산업체 근로자, 이민자, 시니어층과 같은 새로운 교육 대상을 발굴하기 위해서 많은 노력하고 있다. 아울러, 외국인 학생들과 고교 졸업반 학생들의 교육 요구도 발굴하여 이를 프로그램으로 발전시키고 있다. 우리나라의 경우, 대학학령인구가 급격히 감소하고 있기 때문에 지역의 산업수요, 인구변화, 기술 발달 등을 예의 주시하면서 새로운 대학 평생교육 수요를 적극적으로 발굴해나가는 것이 더욱 필요하다 할 수 있다.

2. 국내 대학의 평생교육원 프로그램

이미 국내 대학 평생 교육원의 사례는 앞의 장에서 다룬 바 있어 그 특징만을 개략적으로 설명하기로 한다. 각 대학에서 일반 성인들을 위해 제공하는 평생교육은 크게 2가지 운영체제로 구분된다. 첫째, 대학에서 독립적으로 설치한 평생교육기관에서 실시하는 평생교육과 둘째, 기존 대학체제 내의 자원을 활용하거나 이에 의존하여 운영되는 대학자원활용 평생교육으로 분류할 수 있다 독립적인 대학부설 평생 교육기관으로는 평생교육원, 전자계산원, 보육교사교육원, 언어교육원 등이 있으며, 기존 대학체제에서는 정규학부나 학과, 대학원, 연구소 등에서 보유하고 있는 자원을 활용하여 평생교육을 실시하고 있다.

현재 대부분의 대학에서는 평생교육법 제25조에 따라 대학의 총·학장 책임 아래 각 대학의 특성에 맞추어 자율적으로 독립적인 평생교육전담기구를 부설·운영하고 있다. 1990년대 중·후반에 대학 평생교육원이 경쟁적으로 설치되기 시작하여 2006년도까지 423개교 중 372개교가 설치되었다. 2000년부터 시행된 평생교육법에 따라 대학부설 평생교육원의 시설 설치 및 변경 신고제가 보고제로 전환되면서, 대학평생교육의 활성화를 위해 교육인적자원부는 몇 가지 사항을 권장한 바 있다. 즉, 평생교육원 정원 운영은 당해 대학의 교육환경을 고려하여 정규학생들의 학업에 지장을 초래하지 않는 범위 내에서 운영하며, 교·강사는 대학실정에 따라 소속대학의 교수를 활용하되 평생교육원 강의시수를 책임시수에 산입하도록 권장하고 있다. 대학 평생교육원의 운영 특성은 대학이나 기관마다 상당한 차이가 있으나 이를 수강생 특성, 교직원, 강좌운영형태 및 방법, 교육시설, 교육평가 및 결과인정체제 등으로 구분하여 살펴보면 다음과 같다(최돈민, 2000; 최운실, 2002).

첫째, 대학 평생교육원의 수강생은 대체로 가정주부와 일반 시민, 직장인 그리고 일부의 노년층 인구로 구성된다. 연령별로는 교양·문화교육 과정의 경우 30~40대가 주류를 이루며 노인교육과정의 경우는 50대와 60대로 구성된다. 학력수준별로는 일반적으로 고졸자의 비중이 가장 높으나 강좌에 따라서는 대졸자의 구성비도 높은 편이며, 직업·전문교육과정이나 특수전략과정의 경우는 대졸자가 주류를 이룬다. 독학학위과정이나 학점은행제과정, 대학교양과정, 대학전공과정 등은 주로 고졸자가 대부분이다(교육인적자원부, 한국교육개발원, 2001).

둘째, 대학 평생교육원의 교·강사는 원칙적으로 본교의 전임교수를 참여시키도록 하고 있으나, 분야에 따라 외래교수와 전문강사를 초빙하여 활용하도록 하고 있다. 그러나 실제에 있어서는 본교 전임교수의 참여율이 초창기에는 높았으나 점차 낮아져 외래강사 의존율이 대학에 따라 다르기는 하지만 거의 80~90%를 점유할 정도로 높다. 일부 대학에서는 과정 주임 교수제를 도입하기도 하지만, 대부분의 경우 평생교육기관 전임교수가 거의 전무한 실정이며, 전임 교직원과 일반 행정사무직원의 확보도 미비한 편이다.

셋째, 강좌운영 형태 및 방법은 대학에 따라 강좌의 성격에 따라 차이가 있긴 하지만, 대부분의 강좌는 대학의 학기와 마찬가지로 한 학기를 4개월로 해서 15주 과정을 이수하는 경우가 많다. 강좌는 주 1회인 경우가 가장 많으며 1회에 2~3시간의 강좌가 실시된다. 일반교양과정은 주로 한 학기 단위로 운영되지만, 전문 과정이나 패키지 과정은 1~2년 단위로 운영되기도 하며 주간제・야간제・계절제 등이 있으며, 오전과 오후, 저녁 시간대로 운영된다. 교육방법에 있어서는 경우에 따라 실험실습과 현장견학, 답사, 토론, 모의상황, 사례발표, 시청각교육 등이 활용되기도 하나, 대부분의 경우 강의식으로 이루어지고 있다.

넷째, 교육시설은 본교의 대학시설을 대부분 활용하고 있으나, 독립적인 평생교육 시설을 확보하고 있는 경우도 있다. 평생교육 기관의 시설 역시 대학별로 상당한 차이를 보이고 있으나, 대부분의 경우 개설강좌의 수용인원에 적합한 공간 확보를 위하여 적정수의 세미나실과 강의실, 교수연구실, 행정지원실, 강당 등을 구비하고 있다 그밖에 교육용 기기와 기자재 설비는 대부분의 기관들이 본교의 기자재와 시설・설비를 함께 사용하고 있다.

Yanit(2001)은 Cities and Regions in the New Learning Economy(2001) 보고서에서 평생학습도시를 산업 혁신형, 학습 파트너형, 지역사회 혁신형, 지역 공동체 형성형의 4가지로 구분하였다. 이러한 범주에 유사하게 우리나라 지역별 평생교육원 프로그램도 4가지로 구분될 수 있다. 산업 혁신형은 학습을 통한 지역 산업 혁신을 추구하는 것으로 기업체・대학・연구기관의 연계로 지식・정보 유통 활성화와 학습조직 활성화를 통한 지식자본 창출하고자 하며, 이를 통해 경제적 소득 창출, 산업경쟁력 강화하고자 하는 데 목적이 있다. 학습 파트너형은 파트너십 형성으로 시민의 고용능력 개발하기 위한 것으로 관련 주체 간 파트너십 구축을 통한 학습참여 제고하고, 지역주민의 직업교육 강화를 통한 지역인적자본 육성하는 데 특징이 있다. 지역

사회 혁신형은 학습을 통하여 지역의 자생력과 정체성을 확립하고, 행적구역에 따라 평생학습에 지원하는 체제로 지역사회의 학습에 협력하고, 학습문화를 통한 지역의 정체성 회복과 확립을 목적으로 한다. 마지막으로 지역 공동체 형성형은 평생학습공동체 형성과 주민자치 능력 고양하기 위하여 학습을 통하여 주민과 지자체가 협력하는 주민주체 자치 지향하고, 지역주민의 평생학습 활성화를 통한 사회통합과 사회적 자본 형성하는 것을 목적으로 한다. 위와 같은 유형으로 국내 평생교육프로그램 사례를 분석해 보면 주로 산업 혁신형 프로그램과 지역공동체 형성형에 치중되어 있으며, 지역사회 혁신형과 학습파트너 형성형은 미흡한 것으로 보인다.

대부분의 국내 대학에서 평생교육기관의 프로그램 운영은 대학의 정규 학위 프로그램과 별도의 평생교육 프로그램을 운영하는 것이다. 즉, 대학부설 평생교육원이나 산업체 위탁과정 등을 통해서 별도의 교육목적, 교육과정을 마련하고 수강생의 여건에 맞추어 프로그램을 운영하고 있다. 이것은 대학 강의의 직접적인 확장이라기보다는 성인 학습자들의 실제적인 요구에 맞는 맞춤형 교육을 신속하고 융통성 있게 개설하고 운영할 수 있다는 장점을 가진다. 평생교육기관에서 수강하고자 하는 학생 대부분은 학습자 자신의 관심 영역에서 요구되는 전문가 자격증을 취득하거나 또는 자신의 취미 수준에서 과정을 수강하게 되는 경우가 많으며, 이들은 대개 실무위주의 강의를 요구하고 정규 학위 과정보다 짧은 기간에 과정을 이수하기를 원한다. 따라서 평생교육원 개설 과정은 대개 단기간 실무 위주의 진문 교육 프로그램을 제공하게 되는 것이다.

대학 평생교육 프로그램의
개선 예시

지금까지 그래 왔던 것처럼 대학별로 평생교육원 프로그램의 다양화가 해법은 아니다. 문제는 대학의 교과목을 학교 밖의 수강 희망자에게 어떻게 공개하는가의 문제이다. 이미 지역 내 중소 교육 기관들이 하고 있는 다양한 교육 서비스들을 지역 대학이 복사 양산하는 것은 제한된 인구나 인프라를 고려할 때, 비경제적이고 레드오션에 빠지는 일과 같다. 대학의 각 전문학과가 책임지고 자신의 과에 적합한 시간제 등록 과목을 만들고 전략적으로 유지하지 않는다면 대학이 이름을 걸고 운영하는 성인교육 프로그램은 전문성을 상실하고 경쟁력을 잃게 될 것이다. 결국 기존의 평생교육원 주도의 과목 개설은 한계가 있고 다른 대학과 차별화할 수 있는 방향도 이 것이다. 결국 프로그램 경쟁력을 위하여 전문성이 높은 개별 학과들이 책임져야 한다.

학사 과정(장기 트랙)의 진입을 촉진히기 위한 자격증 취득 유도가 첫 번째 해법일 수 있다. 교육과학기술부 장관의 승인을 받아 평생교육 진흥원장이 고시한 자격(국가자격, 국가기술자격, 국가 공인자격,

국가공인민간자격 중 일부)에 한하여 학점으로 인정받을 수 있다. 이처럼 자격 취득은 학점 취득이라는 실효성과 학업 성취의 만족감을 높이는 기회이다. 졸업 이수 학점에 근접할수록 성인 학습자들은 대학이 정한 길고 복잡한 교육과정에서 이탈할 확률이 적다. 대학이 전문성을 발휘하기 위해서는 학습자들을 적절하게 살피고 안내할 충분한 시간을 확보해야 한다. 학습자들이 단편적인 몇 개의 프로그램을 이수했다고 하여 전문성이 급격히 향상되고 생애발달단계에 적합한 직종을 찾아 적응해 간다고 보기 어렵기 때문이다.

국가 수준에서 가장 안정되고 이상적인 성인 교육 장치가 학점은행제일 것이다. 누구에게나 생애발달 단계에 맞는 유연한 교육을 보장하고 성인교육의 추구하는 바를 가장 잘 소화해낸 제도이기 때문이다. 대학과 소속 평생교육원의 프로그램은 쉽고 단선적인 기존의 교육과정보다 체제적이고 장기적인 학습의 기회를 보장해야 한다. 결국 대학 정도의 교육기관이라면 학점은행제가 골격이 되도록 장기적 안목에서 프로그램에 접근할 필요가 있다. 「학점인정등에관한법률」(법률 제6434호)에 따르면 학점은행제를 통한 학위 취득은 다음과 같은 6가지 경로가 있다.

현재의 대학 평생교육원 교육과정은 다양한 프로그램이 활발히 운영되고 있으나, 시간제 등록제 운영에 적합하도록 과목이나 프로그램 간 상호 연계의 접점이 효과적으로 제시되지 못하고 있는 한계를 안고 있다. 전체 평생교육원 프로그램을 대학의 전공과정 운영과 연계하여 효율성을 제고하기 위해서는 각 프로그램 영역 구분의 분석적 타당성 확보 및 미래 지향적 수요 예측을 통한 체계적 구조화가 필요하다. 대학 평생교육원은 국가가 궁극적으로 지향하는 평생학습사회

의 학점은행제도나 학습계좌제 등을 고려한 교과과정의 전면 개편에
대한 적극적 검토가 필요하다.

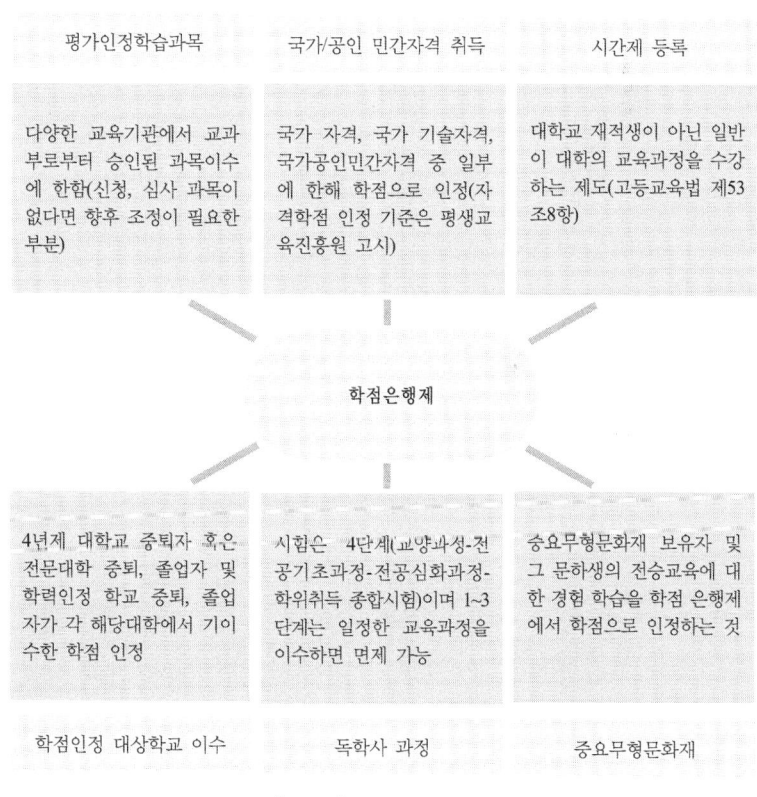

평가인정학습과목	국가/공인 민간자격 취득	시간제 등록
다양한 교육기관에서 교과부로부터 승인된 과목이수에 한함(신청, 심사 과목이 없다면 향후 조정이 필요한 부분)	국가 자격, 국가 기술자격, 국가공인민간자격 중 일부에 한해 학점으로 인정(자격학점 인정 기준은 평생교육진흥원 고시)	대학교 재적생이 아닌 일반이 대학의 교육과정을 수강하는 제도(고등교육법 제53조8항)

학점은행제

4년제 대학교 중퇴자 혹은 전문대학 중퇴, 졸업자 및 학력인정 학교 중퇴, 졸업자가 각 해당대학에서 기이수한 학점 인정	시험은 4단계(교양과성-전공기초과정-전공심화과정-학위취득 종합시험)이며 1~3단계는 일정한 교육과정을 이수하면 면제 가능	중요무형문화재 보유자 및 그 문하생의 전승교육에 대한 경험 학습을 학점 은행제에서 학점으로 인정하는 것
학점인정 대상학교 이수	독학사 과정	중요무형문화재

[그림 5] 학점은행제 개요

본 장에서는 대학이 시간제 등록제와 학점은행제를 활용해서 대학
의 교육과정을 개선한 사례를 들어 대학 평생교육원 프로그램의 개
선 방향을 제시하고자 하였다. 이 사례는 자격증 취득 및 직업교육에
적합한 조건을 갖고 있는 전문대학을 예로 하였다.

1. 종단적 교육과정 기반 모형

대학은 지역의 평생교육 중심축으로서의 역할을 다할 수 있도록 경쟁력 있는 프로그램을 운영하는 데 기여해야 한다. 성인학습자의 학위 취득을 장려하기 위하여 대학이 가진 자원으로서의 현 개설 교과목들을 기간이나 비용, 조건 등에서 유연하게 공개하는 것이 기본 원칙이다. 이를 통해, 평생학습 수요자들이 한 번 평생교육원 교육 트랙에 진입하면 자신이 이수한 과정이 이후의 과정과 유기적으로 연계됨을 사전에 인지하고 성취목표를 지속적으로 재설정하여 계속 학습에 참여하도록 유인되는 환경을 구축하는 데 목적이 있다. 각종 자격제도를 포함하여 국가가 지원하는 제도의 혜택을 받도록 하며, 유관 기관과의 협력적 연계가 가능하도록 탄력적 교과과정을 운영하도록 설계할 필요가 있다. 여기서 제시하는 교육과정 모형은 각 교과목 및 교육내용 간의 종적, 횡적인 연계성을 나타내기 위한 개념 이해 도구이다. 교육과정의 전체 흐름 및 설계 방향, 의도, 관련성 등을 모형을 통해 제시하면 다음과 같다.

본 모형은 성인전문학사의 육성을 목표로 3개의 종적 트랙으로 구성된다. 첫째, 성인전문학사 기초 트랙은 주로 평생교육원이 중심이 되어 학습자들의 학습 트랙 진입을 독려하고 종적인 교육과정의 연계성을 부여하기 위한 뿌리 내리기 단계이다. 둘째, 성인전문학사 자격증 트랙은 학습자들이 평생교육원의 기초 프로그램을 이수 후 자신이 이수한 과목들이 가장 먼저 자격증 취득에 기반이 됨을, 더 나아가서 학위 취득에 토대가 되었음을 알게 되면서 학과의 정규교육과정에 진입하도록 유인하는 단계이다. 셋째, 성인전문학사 학위 트랙은 전체의

하위의 두 과정과 밀접하게 연계되어 있다. 학습자들이 기초 단계부터 자격증 단계까지를 거치면 이미 학위 취득의 30% 이상을 성취했음을 발견하게 되면서 학점은행제의 나머지 핵심과목들을 이수하여 전문성 및 이론적 지식을 습득하도록 촉진하는 단계이다.

본 교육과정체계 운영의 기본 목적은 학습자들이 기초 트랙에 진입하는 순간, 바로 모든 과정이 자격증 및 학위 취득과 밀접하게 연관되므로 지속적인 학습기회를 희구하여 초기 진입 학습자들이 종단적 평생학습을 지속하도록 하는 데 있다. 학습자들은 법규상 매 학기 12학점 이내의 시간제 등록 과목을 이수할 수 있다. 예를 들어 1년 동안 2개의 프로그램을 이수하였다면 6학점을 이수한 것이다. 이 과정에서는 단기이수로 자격증 취득이 가능한 경우에는 자격증 취득에 집중하여 학점이수와 자격증 취득의 이중효과를 얻을 수 있도록 안내한다. 단기간에 취득하기 어려운 국가 자격증의 취득을 독려하여 중간 단계인 사석승 단계에 진입할 수 있도록 안내해야 한다. 또한 시간제등록과정은 성인학습자 별도반과 통합반의 두 유형으로 운영해야 한다.

성인학습자만을 대상으로 하는 별도반은 교육시간(이수 학점 수와 학습자상황)을 탄력적으로 운영할 수 있으므로 가능하면 학습자들의 부담을 줄이는 방향으로 운영해야 한다. 일반 학생들과 같이 수강할 수 있는 통합반은 가능하면 학습자 모집에 어려움을 겪는 과목을 중심으로 운영해야 기관의 부담을 줄일 수 있다. 시간제 등록과정은 학습자 선택권과 참여지속성의 두 요인을 고려하여 운영해야 한다. 현재의 모형은 학습자들이 3개의 트랙 내에서 자유롭게 수강하되, 가능하면 18학점 이상을 듣게 되도록 의도적으로 설계되었다. 결국 18학점 이상을 듣게 되면 시간제 등록 교과목 수강의 최소 조건을 충족하게 되므로 전문대 총장이 인정하는 학위기를 받게 되는 기본 여건(48학점)을 채우기 위해 편입이나 다른 시간제 등록 과목 수강에 진입할 확률이 높아진다는 가능성에 착안한 것이다.

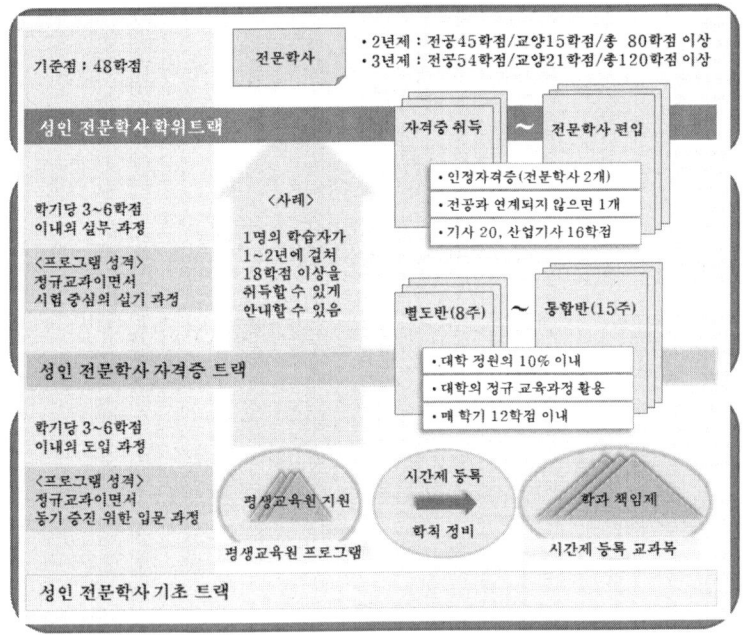

[그림 6] 교육과정 기반 모형

2. 영역별 특성화 기반 종횡적 교육과정 기반 모형

이하의 모형은 강원 지역 산업 현황, 주민 평생교육 요구분석 조사 결과, 미래직업 전망, 한국의 인력수급 현황, 30개 지역의 우수 평생학습 프로그램 분석 결과, 대학 평생교육의 국제 현황, 평생교육의 동향 등을 기초로 설계된 횡적인 모형의 사례이다. 이를 이전의 종단적 3단계 개념을 적용하여 특성화·지역화·미래화를 지향하는 횡적인 잣대에 따라 재배열한 것이다. 이러한 기준으로 설계된 종합적 교육과정 모형은 다음과 같다.

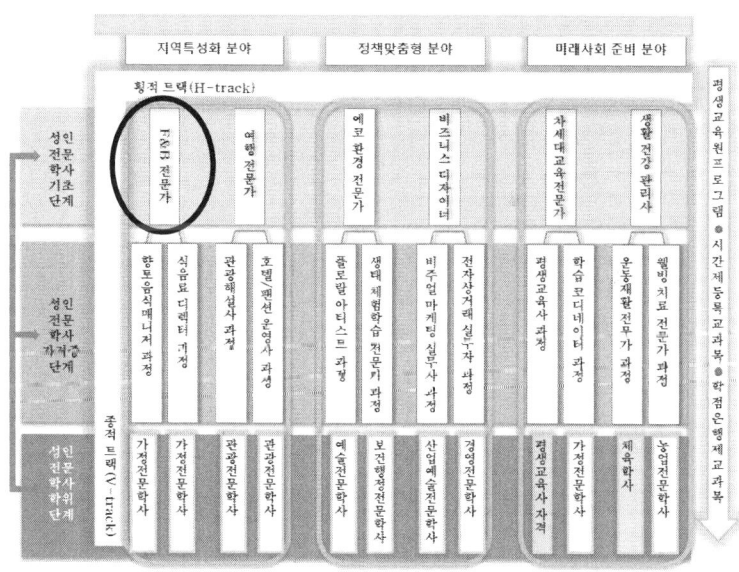

[그림 7] 종횡적 교육과정 기반 모형

여기서는 [그림 7]의 다양한 트랙 중 F&B 전문가 과정만을 선택하여 설명하기로 한다. F&B 전문가 트랙은 전통적으로 먹거리 문화가 발전된 곳이나 관광객 대상이 요식업이 대표 업종인 곳에서 운영 가능한 분야이다. 기존의 먹거리 문화를 담당하고 있는 식음료점의 운영자들과 새로이 창업을 기획하는 예비 창업자들의 관심과 수요를 기반으로 한다. 이 트랙은 2개의 세부 과정인 향토음식 매니저 과정, 식음료 디렉터 과정으로 나누어진다.

향토음식 매니저 과정은 요식 사업을 담당할 인력을 교육하기 위한 프로그램이다. 가능하면 지역의 전통 음식, 군소 지역을 대표하는 음식과 관련된 조리, 판매, 영업 노하우에 대한 내용을 다루고 있으며 교육과정의 이수를 통하여 상위자격의 취득으로 가장 장기간 연결할 수 있는 핵심 교육과정에 속한다. 초기에는 전통이라는 특성보다 영업 전망이나 지역주민의 선호, 대학의 운영 여건에 맞추어 교육과정을 현대화하였으나 향후 이 과정이 안정적으로 운영기에 접어들면 보다 과정의 본래 취지에 적합한 전통 음식 관련 교육내용으로의 방향 재정립이 필요하다.

식음료 디렉터 과정은 조주와 와인, 커피에 관련된 내용을 교육한다. 이 과정은 창업과 관련이 깊기도 하지만 무엇보다 지역주민의 여가 및 취향과 관련이 있다. 대부분의 평생교육 수요자들이 교양의 증진과 자기 발전, 삶의 풍요로운 향유를 희망한다는 기초조사 결과를 참조하여 다소 고급스럽고 이국적인 방향에서의 접근을 의도하였다. 교육과정의 설계는 평생교육원 프로그램과 정규 교과와의 연계를 밀접하게 하였으나 해당 자격증의 취득을 통해 상위 단계의 학습 경로에 이르는 것이 어렵다는 단점이 있다.

지역주민이 평생교육원의 F&B 트랙에 진입하면 두 개의 코스를 연계 수료해야 하며, 개설된 과목을 절반 이상 수료하게 되면 관련 자격증 취득의 기회를 얻게 된다. 이러한 자격증의 취득은 다시 대학의 과목 수강으로 인해 정규 학위과정으로의 진입을 촉진할 수 있다. F&B 트랙의 자격증과 학위 연계의 내용은 <표 20>과 같다.

〈표 20〉 F&B 전문가 과정의 자격증과 학위 연계

횡적 트랙	과정	관련 자격증	전문학사
F&B 전문가	향토음식 매니저	- 조리산업기사(한식) - 한식조리기능사 - 푸드코디네이터	가정 전문학사
	식음료 디렉터	- 조주기능사 - 바리스타 - 소믈리에	

<표 21>은 해당 대학의 교과과정 개정 전의 향토음식 매니저 과정의 과목들이다. 정규교과로 표시된 부분은 현재 해당 대학이 개설하고 있는 과목들이다. 통합반이라는 것은 일반인과 학생들이 함께 수강하는 형식으로 대학의 정규 수업 시간 중에 운영됨을 뜻한다. 음영 부분은 새로 개설이 필요한 과목들이며, 비인정으로 표시된 과목은 학점은행제에 등재 과목이 없기 때문에 주로 실용적 목적에서 수강을 유도하는 과목들이다.

〈표 21〉 개정 전의 향토음식 매니저과정

트랙 명	구분	과목명(담당학과/과정)	학점(인정근거)	시수	시간	운영형태
성인전문학사 기초 단계	정규 교과	기초한국조리실습1 (관광외식조리과)	3 (시간제등록)	45	학과 시간	통합반
		제과제빵실습 (관광외식조리과)	3 (시간제등록)	45	학과 시간	통합반
		향토약선조리실습 (관광외식컨설팅과)	3 (시간제등록)	45	학과 시간	통합반
	평생 교육원	홈베이킹 (전문가·여가취미)	0 (비인정)	30	18:30~2 1:30	별도반
		전통 떡 만들기 (전문가·여가취미)	0 (비인정)	30	18:30~2 1:30	별도반
성인전문학사 자격증 단계	정규 교과	식품위생법규 (식품영양과)	2 (비인정)	30	학과 시간	통합반

성인전문학사 자격증 단계		주방 및 원가관리 (관광외식조리과)	2 (비인정)	30	학과 시간	통합반
		식품학 (식품영양과)	3 (시간제등록)	45	학과 시간	통합반
성인전문학사 학위 단계	정규 교과	식품위생학 (식품영양과)	3 (시간제등록)	45	학과 시간	통합반
		공중보건학 (식품영양과)	3 (시간제등록)	45	학과 시간	통합반
		한국조리실습2 (관광외식조리과)	3 (시간제등록)	45	학과 시간	통합반
		외식사업창업론 (관광외식조리과)	2 (비인정)	30	학과 시간	통합반
		푸드코디실습 (식품영양과)	2 (비인정)	30	학과 시간	통합반
관련 자격증		√ 조리산업기사(한식), 한식조리기능사, 푸드코디네이터				
비고		√ 음영부분은 개정이 필요한 과목을 나타냄				

이러한 코스는 다음과 같은 개정 방향에 따라 재설계된다.

"첫째, 관광외식 조리과는 주로 실습과목 운영을, 식품영양과는 이론과목을 담당케 해야 한다('푸드코디실습' 과목 예외). 둘째, 기초단계는 가능하면 별도반 운영을, 성인학사 자격증 단계는 통합반 운영을 권장한다. 통합반 운영이 결정될 경우, 일반 학생들의 저녁수업이 불가피할 수 있다. 이는 학생 모집의 문제와 교수자 수업부담의 문제를 해결하기 위한 배려이나, 학과 사정에 따라 조정이필요하다. 셋째, 성인학사자격증 단계의 과목은 수강생 모집이 원활할 경우에 평일 저녁 별도반 운영을 하고, 원활하지 않은 경우에정규교육과정의 수업을 일반인이 함께 듣게 하는 통합반 운영의전략적 접근이 요구된다. 넷째, 홈베이킹 과목은 평생교육원 프로그램으로 현재 운영되고 있으나 학과의 시간제 등록 과목으로 제과제빵실습이 운영되면 하나로 조정할 필요가 있다. 다섯째, 관광외식조리과의 "주방및원가관리" · "외식사업창업론" 과목, 식품영양과의 "식품위생학" · "푸드코디실습" 과목은 현재 2학점 과목으로 운영 중이나 3학점 시간제 등록 과목으로 개설 위해 학점 변경이 필요하다. 특히 "주방 및 원가관리" 과목은 향후 학점은행제 과

목으로 활용하기 용이하도록 주방관리론 3학점, 원가관리론 3학점
과목으로 분리하여 운영하는 것이 바람직하다.“

위의 내용은 해당 대학의 현존 학과와 과목을 어떻게 재구성해야
하는지에 대한 기본 방침을 나타낸다. 이를 기반으로 <표 22>와 같은
개정 방향을 결정할 수 있다. 각 과목에 책임을 진 담당 기관과 학과
가 명시되고 학점 조정에 대한 근거를 제시하고 있다.

<표 22> 교육과정 조정(안)

학과/기관	과목 명	개정내용	개정근거
평생교육원	홈베이킹	✓ 시간제등록 과목으로 개설 가능한 "제과제빵실습"으로 일원화하여 운영 요함	운영효율화
식품 영양과	푸드코디실습	✓ 2학점을 3학점으로 조정 요함	학점은행교양(3)
	식품위생법규	✓ 2학점을 3학점으로 조정 요함	학점은행전필(3)
관광 외식 조리과	외식사업창업론	✓ 2학점을 3학점으로 조정 요함	학점은행교양(3)
	주방 및 원가관리	✓ 2학점을 3학점으로 조정 요함 ✓ 향후 "주방관리론(3학점)"과 "원가관리론(3학점)"으로 분리 개설할 것을 권장, 그렇게 될 경우 두 과목 모두 학점은행제의 전공필수 과목으로 인정 가능함	학점은행일선(3) → 전필(6)

<표 23>은 제안된 개정(안)을 반영한 경우, 해당 교육과정이 어떻게
조정되었는지에 대한 예를 보여주고 있다. 주로 학점은행제 비인정 과
목을 기초 단계에 배치하고 자격증 단계에 주력하여 평일 저녁 운영
으로 성인학습자의 참여를 독려한다. 일반 학생들도 자격증 연계 과목
이므로 저녁시간 할애에 협조적일 수 있다. 자격증 연계 이후의 과목
들은 학점은행제 과목의 선공필수와 선택 과목들이 주를 이루고 있다.
교양과목은 학위 취득과 연계되므로 최종단계에 수강토록 한다.

〈표 23〉 개정 후의 향토음식 매니저 과정

트랙 명	구분	과목명(담당학과/과정)	학점(인정근거)	시수	시간	운영형태
성인전문학사 기초 단계	정규 교과	기초한국조리실습1 (관광외식조리과)	전선 3 (시간제등록)	45	주말 오후	별도반
		제과제빵실습 (관광외식조리과)	전선 3 (시간제등록)	45	평일저녁	별도반
		향토약선조리실습 (관광외식컨설팅과)	일선 3 (시간제등록)	45	주말 오후	별도반
	평생 교육원	전통떡만들기 (전문가·여가취미)	0 (비인정)	30	18:30~21:30	별도반
성인전문학사 자격증 단계	정규 교과	식품위생법규* (식품영양과)	전필 3 (시간제등록)	45	평일저녁	통합반
		주방관리론** (관광외식조리과)	전필 3 (시간제등록)	45	평일 저녁	통합반
		원가관리** (관광외식조리과)	전필 3 (시간제등록)	45	평일 저녁	통합반
		식품학 (식품영양과)	전필 3 (시간제등록)	45	평일 저녁	통합반
성인전문학사 학위 단계	정규 교과	식품위생학@ (식품영양과)	전필 3 (시간제등록)	45	학과시간	통합반
		공중보건학@ (식품영양과)	전선 3 (시간제등록)	45	학과시간	통합반
		한국조리실습2 (관광외식조리과)	전선 3 (시간제등록)	45	학과시간	통합반
성인전문학사 학위 단계	정규 교과	외식사업창업론* (관광외식조리과)	교양 3 (시간제등록)	45	학과시간	통합반
		푸드코디실습* (식품영양과)	교양 3 (시간제등록)	45	학과시간	통합반
관련 자격증		√ 조리산업기사(한식), 한식조리기능사, 푸드코디네이터				
비고		√ * 학점 조정, ** 신규개설 √ @ 표시 과목은 이후 에코 환경 전문가트랙 과목과 공유함				

    지금까지의 과정을 거쳐 기존 평생교육 프로그램과 각 학과의 교과목이 종횡으로 연계된다. 지역의 성인학습자가 평생교육원 프로그램으로써 제과제빵 실습이나 전통 떡 만들기 과정에 진입하는 경우, 일단은 기본적인 기능을 익히는 것이 우선된다. 그다음 계속적인 학

습을 희망하는 경우, 자신이 그간에 들었던 강좌와 연계된 다른 프로그램을 찾게 되고 수강의 목적을 재탐색하게 될 것이다. 실리로서 자격증 취득에 욕구가 생기고 관련 과목들이 인근 교육과정표에 제시되었으므로 자격증 취득 트랙에 진입하게 될 가능성이 높다. 이어서 만약 자격증 취득을 하게 된다면 해당 자격증이 학점 은행제의 2~3과목에 대한 이수 학점을 경감하게 해주고, 결국 학습자는 학위취득까지 고려하게 될 것이다. 지금까지의 종횡단 모형은 이러한 학습자의 학습 경로를 예측하여 대학이 준비한 새로운 과목과 기존의 과목, 평생 교육원의 프로그램이 어떻게 연계되어야 하는지를 설명하고 있다. 이러한 방식으로 교육과정을 재구조화하는 경우, 다음의 사항을 유의해야 한다.

첫째, 통합반 우선 개설이 권장되어야 한다. 기초적인 실습과목은 별도반 운영을 해도 수강생 모집에 어려움이 적겠으나 학과 전공과 관련한 이론과목은 가능하면 정규 수업 시간대에 맞추어 통합반 수업을 권장토록 해야 한다. 둘째, 강좌 부제(副題)를 통한 홍보 활성화가 필요하다. 시간제 등록과목의 운영이 평생교육원 자체 프로그램 운영보다 사회 변화나 수요자 요구에 신속하게 대응하기 어렵다는 문제점이 있으므로 부제목을 활용해야 한다. 흥미로운 부제목의 부여로 각각의 프로그램이 가진 시간제등록 교과로서의 한계를 극복해야 한다. 셋째, 온라인강좌를 통한 효율화를 꾀해야 한다. 운영의 효율성을 극대화하고 교육 수요자의 요구에 반응하기 위하여 온라인 과목의 운영이 요구된다. 기존의 학과 과목을 온라인 과목으로 오픈하는 방법을 고민하고 실천해야 할 것이다. 더불어 시간제 등록 과목 운영 학칙에서 온라인 관련 학칙을 반드시 보완해야 한다. 넷째, 점진적 단계화가 필요하다. 성인학사 기초 단계를 1년간 오픈해 보고 그 결과를 반영하여 점진적으로 이후의 단계를 개설하는 전략이 필요하다. 다섯째, 상황별 유연화가 필요하다. 현재의 예시에는 수업 시간만이 명시되었을 뿐 개설학기를 제시한 운영 계획은 제공하지 않았다. 이는 각 학과의 사정에 맞추어 개설학기를 유기적으로 조정할 필요 있기 때문이며, 매 학기 평생교육원에서 개설할 경우, 학칙의 정비가 요구된다. 단, 정규 학기에 과목이 개설되는 시기 그대로를 이용하는 방안이 가장 혼란을 줄일 수 있다. 여섯째, 통합지원 활성화가 필요하다. 예시에서 제시된 바는 이상적인 안이므로 각 학과의 현실을 고려하여 보다 유기적으로 트랙에 적합한 과정과 과목이 개설될 수 있도록 대학 본부는 최선의 지원을 다 해야 할 것이다.

아무리하연서

평생직업체제로의 변화로 제2의 생애 설계를 하려는 직장인들의 수가 늘어나고 사회적으로도 노령인구의 증가로 직업 체계의 재편에 대한 평생학습의 중요성이 부각되고 있다. 현재의 교육 시스템은 저연령층에만 학습 기회를 열어 놓는바, '현재 배우지 않으면 나중에는 배울 수 없는(now or never)' 체계이다. 사회구성원들이 기술적·사회적 변화에 적응하면서 생산성을 유지할 수 있게 하기 위해서는 고등교육기관을 통한 별도의 경력 개발 시스템이 보완되어야 할 것이다.

현재 대학 평생교육원에서는 이러한 경력개발 교육의 일환으로 학점은행제, 독학학위제 등과 시간제 등록과정, 국가 및 지역 공공단체, 산업체 위탁 지원 과정 등 매우 다양한 프로그램을 운영하고 있다. 그러나 노동 시장 진입이 이루어진 이후의 노동생애기에 있어서의 직업 훈련 및 경력 개발 교육에 대한 관련 프로그램의 개발이 필요한 실정이다. 한 직장에서 노동자가 계속 근무할 가능성은 줄어들고 직장 안정성이 사라지면서 평생직장의 개념이 희박해지고 있다. 이들의 퇴사 이후를 대비하는 책임은 각 직장이 부담하기보다 개인에게 돌려지고 있는 상황이다. 이처럼 다양한 연령층의 노동 시장 재진입에 대한 평생학습의 중요성이 부각됨에 따라 대학 평생교육의 역할이 중요한 과제로 부각되고 있다. 대학은 이러한 시대적 요청에 부응하여 성인들의 생애주기별 평생학습권을 보장할 수 있도록 변화해야 한다. 그럼에도 불구하고 대학 평생교육원은 지역 특성과 특정 대상의 요구를 반영한 특성화 프로그램이 부족한 실정이다. 대학은 현 정부의 '평생학습의 생활화'라는 핵심 정책에 따라 소명의식을 가지고 지역 특성에 부합하는 교육 프로그램을 개발해야 한다. 이는 대학이 지역 실정에 맞는 교육패러다임을 정립하고 지방이 갖고 있는 공동체 특성을 살려 경제성장과 사회 안정을 교육을 통해 해결할 수 있는 전문성을 갖고 있기 때문이다(한국직업능력개발원, 2002).

현재의 성인 학습자를 위한 대학 부설 평생교육원은 천편일률적인 성인학습 프로그램의 규격화로 해당 지역의 다양한 교육적 욕구를 충족시키는 데 한계가 있다. 우리나라는 인적 자원의 양성 및 활용에 관한 지역적 편차가 심한 것으로 나타나고 있다. 더욱이 지역적 특성을 고려하지 않은 획일적인 인력양성 및 활용정책은 불균등한 사회적 자본을 재생산하며 지역격차, 편견, 갈등이 심한 우리나라의 경우 지역 및 계층 간의 격차를 심화시키고 있다. 지역발전을 위한 인재육성의 중요성이 점차 증대되고 있는 사회적 상황에 맞추어, 교육환경의 물적 기반이 취약한 여건일수록 지역 실정에 맞는 생애주기별 인재육성 프로그램을 개발·실행하여 창조적 지식기반을 구축해야 한다. 이에 본서는 평생학습에 대한 대학의 책무성을 극대화하고 개혁하려는 분들에게 작은 아이디어를 보태고자 하였다.

참고문헌

김경애(2007). 비형식 및 무형식 학습인정에 관한 새로운 접근방식. 비교교육
연구, 17, pp.133-156.

김경이(2009). 미국 대학의 선행학습경험인정제도 검토를 통한 우리나라 대학
의 성인학습자 지원방안 연구. 한국교육행정학회. 교육행정학연구, 27(1),
pp.195-221.

김선호(2004). 직무훈련결과보고서: 미국 대학의 평생교육에 관한 연구. 교육
인적자원부.

김종우·허영준(2006). 성인학습자의 평생학습 기회 증진을 위한 전문대학 학
사 운영 시스템 및 인프라 구축방안. 교육인적자원부.

김지일·이지혜(2010). 평생학습 중심대학 육성사업 단기 교육과정 개발 연구.
한림성심대학 연구보고서.

김지일·이지혜·채재은(2011). 전문대학의 선행학습평가제도 도입 연구. 한
림성심대학 연구보고서.

나영선(2004). 미국의 인력투자법 시스템과 직업훈련 개혁 동향. 서울: 한국직
업능력개발연구원.

박진영(2007). 수용적인 디언령 혼합 대학환경 소성을 위한 성인대학생-일반대
학생 간의 상호작용 탐색: 일반 4년제 대학을 중심으로. 평생교육학연
구, 13(3), pp.55-87.

백은순(2010). 대학 평생교육 지원 정책의 성과와 과제. 제1차 평생교육정책
포럼자료, pp.69-95. 서울: 평생교육진흥원.

변종임 외(2010). 휴먼뉴딜을 위한 대학평생학습 실태분석 및 개선방안 연구.
서울: 한국교육개발원.

손존중·구혜정(2007). '비전통 학습자'의 고등교육기회 분석: 대학입학전형제
도를 중심으로. 평생교육학연구, 13(2), pp.141-163.

이성회(2009). 영국 University of Warwick 지역성인대학생을 위한 시간제 학위와 2+2 학위 개발 사례 연구. 평생교육학연구, 제15권 제1호, pp.173-200. 평생교육학회.

이정표(2010). 전문대학 교육의 국제화 방안. 전문대학교육의 경쟁력 제고 및 국제화 방안. 한국전문대학교육연구학회 발표자료.

이정표 외(2007). 전문대학의 평생 직업교육체제 구축을 위한 선행학습 평가인정제(PLAR) 개발. 교육인적자원부·한국전문대학교육협의회.

이정희·안영식(2007). 만학도의 대학생활 경험에 대한 질적 연구. 평생교육학연구, 13(3), pp.89-116.

이정표·주은희·임혜경·이길순(2007). 전문대학의 선행학습 평가인정 실태와 발전과제. 직업교육연구, 26(3), pp.45-69.

정지선·심인선(2002). 선행학습 평가 인정을 통한 교육훈련의 다양화. 서울: 한국직업능력개발원.

주무현(2008). 인력수급전망: 10년 후 인력수급전망. 한국고용정보원.

채재은(2006). 한국 고등교육 규제실태 진단 및 개혁방안 연구. 교육인적자원부.

채재은(2009). 미국의 성인대학생 적응 지원 사례 분석. 비교교육연구, 19(3), pp.155-177.

최돈민 외(2009). 강원도 인재개발원의 도민교육 활성화 방안 연구-도민 교육과정 개발을 중심으로. 강원인재개발원 연구보고서

최돈민(2008). 지역 평생학습 촉진을 위한 대학 평생교육의 기능과 역할 제고 방안. 교육종합연구, 제6권 제2호, pp.89-112. 교육종합연구소.

최상덕 외(2007). 평생학습사회 실현을 위한 고등교육체제 혁신 방안 연구. 한국교육개발원.

최영섭 외(2010). 평생직업능력개발체제의 혁신. 한국직업능력개발원.

최운실(2004). 한국의 대학 평생교육 발전 모델 탐구. 평생교육학연구, 제10권 제4호, pp.47-86. 평생교육학회.

한국고용정보원(2009). 2009 산업·직업별 고용구조조사 기초분석보고서: 8차년도 자료분석. 한국고용정보원.

한국평생교육진흥원(2010. 2). 대학 평생교육 활성화 사업 성과보고회. 평생학습중심 대학 육성사업 제1유형 우수사례발표자료.

홍용기 외(2006). 전문대학생 및 일반성인의 생애경력관리 지원을 위한 계속교육지원센터 운영 방안. 교육인적자원부.

AACC(2010). American Association of Community Colleges: 2010 Fact Sheets. Washington D.C.: Author.

Aarts, S., Deborah, B. & Roberta, B.(eds.)(1999). A slice of the iceberg: Cross-Canada study on prior learning assessment and recognition. Cross-Canada Partnership on PLAR. Retrieved, September 2, 2010, from http://www.recognitionforlearning.ca/pdf/Study_I_Start.pdf.

Aarts, S., Blower, D., Burke, R., Conlin, E., Lamarre, G., McCrossan, W. & Van Kleef, J.(2003). Feedback from learners: Cross-Canada study of prior learning assessment and recognition. Kitchener: Cross-Canada Partnership on PLAR.

American Association of Community Colleges(2008). Noncredit enrollment in workforce education: state policies and community college practices. Washington D.C.: AACC.

American Association of Community Colleges(2010). 2010 Fact Sheet. Washington D.C.: AACC.

American Council on Education(2010). Fueling the Race to Postsecondary Success: A 48-institution study of Prior Learning Assessment and Adult Student Outcomes. Chicago: CAEL.

Austin Community College(n.d.). http://www.austincc.edu/ce/about(Date of Access: 2010.11.10).

Baker, J.(2001). Sustainability and Efficiency of Prior Learning Assessment in British Columbia's Public Post-Secondary Education System. Retrieved, September 20, 2010, from http://www.futured.com/pdf/SustainingPLAbackgroundJune.pdf.

Bishop-Clark, C. & Lynch, J.(1992). The mixed-age college classroom: Problems and solutions. College Teaching, 40(3), pp.114-117.

Boornazian, S.(1994). Prior learning assessment using story: Academic access for underserved populations Ph.D diss., Union Institute, New York.

Borough of Manhattan Community College(n.d.). http://www.bmcc.cuny.edu/distance (Date of Access: 2010. 11. 05).

Bucks County Community College(n.d.). http://www.bucks.edu(Date of Access: August 24, 2010).

Burris, J.(1997). The adult undergraduate's experience of portfolio development: A multiple case study. Ph.D diss., University of Texas.

CAEL(2010a). Fueling the Race to Postsecondary Success: A 48-institution study of Prior Learning Assessment and Adult Student Outcomes. Chicago: CAEL.

CAEL(2010b). Availability, Use and Value of Prior Learning Assessment within

Community Colleges. Chicago: CAEL.

Camden County College(n.d.). http://www.camdencc.edu(Date of Access: 2010. 11. 1).

Cohen, A. & Brawer, F. B.(1996). The American community college. San Francisco: Jossey-Bass.

Choitz, V., & Prince, H.(2008). Flexible Learning Options for Adult Students. Retrieved, November 20, 2010, from http://www.collegeproductivity.org/sites/default/files/FlexibleLearning-3.pdf.

Colvin, J.(2006). Earning College Credit for What You Know. Chicago: CAEL.

Community Colleges Research Center(2010). Issue Brief: Developmental Education in Community Colleges. New York: Community Colleges Research Center.

Council for Adult and Experiential Learning(n.d.). http://www.cael.org(Date of Access: August 22, 2010).

Dagavarian, D. & William, W.(1993). Outcomes assessment of prior learning assessment programs. In support of prior learning assessment and outcomes assessment of prior learning assessment programs, ed. Debra A. Dagavarian, pp.3-8. Princeton: Proceedings of the National Institute on the Assessment of Experiential Learning.

DSST(n.d.). http://www.getcollegecredit.com/about.html/(Date of Access: August 20, 2010).

Eastern Illinois University(n.d). http://www.eiu.edu/~bgs/portfolio_info.php(Date of Access: August 20, 2010).

Excelsior College(2009). Excelsior College Examinations Technical Handbook 2009. Albany: Author.

Excelsior College(n.d.). https://www.excelsior.edu/Excelsior_College/Excelsior _College_ Examinations(Date of Access: August 11, 2010).

Federal Student Aid Information Center(2009). Funding higher education beyond high school: The Guide to Federal Student Aid 2009-10. Washington D.C.: Federal Student Aid Information Center.

Fiddler, M., Marienau, C. & Whitaker, U.(2006). Assessing learning: Standards, principles, and procedures(2nd ed.). Chicago: CAEL.

FinAid(n.d.). The Smart Student Guide to Financial Aid. Retrieved, November 20, 2011 from http://www.finaid.org/otheraid/hopescholarship.html.

GAO(2008). WORKFORCE DEVELOPMENT: Community Colleges and One-Stop Centers Collaborate to Meet 21st Century Workforce Needs. Retrieved,

November 4, 2011, from http://www.gao.gov/new.items/d08547.pdf.

Goldhaber, D., Gross, B. & DeBurgomaster, S.(2008). Community Colleges and Higher Education: How do State Transfer and Articulation Policies Impact Student Pathways? CRPE working paper 2008-4. Seattle: Center on Reinventing Public Education.

Harriger, C.(1991). Barriers to the optimal use of prior learning assessment: an institutional evaluation of perceptions of credit for prior learning. Unpublished doctoral dissertation, Columbia University Teachers College.

Hezel, R.(2010). Overview of State promising practices. Retrieved November 27, 2010 from http://www.wiche.edu/info/stas /presentations/2010August/hezel.pdf.

IRS(2010). Publication 970(2009): Tax benefits for Education. Retrieved April 5, 2010 from http://www.irs.gov/publications/p970/ch03.html.

Jenkins, D., Speroni C., Belfield, C., Jaggars, S. S. & Edgecombe, N.(2010). A model for accelerating academic success of community college remedial English students: Is the Accelerated Learning Program(ALP) effective and affordable?(CCRC Working Paper No. 21). New York: Columbia University, Teachers College, Community College Research Center.

Jenkins, D., Zeidenberg, M. & Kienzl, G.(2009). Building bridges to postsecondary training for low-skill adults: Outcomes of Washington State's I-BEST program(CCRC Brief No. 42). New York: Columbia University, Teachers College, Community College Research Center.

Kinser, K.(2006). From Main Street to Wall Street publication. San Francisco: Jossey-Bass.

KCC(n.d.). http://www.kellogg.edu/about/index.html(Date of Access: November 20, 2011).

LeGrow, M., Barry, S. & Muijke, K.(2002). Comparison of problem-solving performance between adults receiving credit via assessment of prior learning and adults completing classroom courses. Journal of Continuing Higher Education, 50(3), pp.2-13.

McCarthy, C.(1912). The Wisconsin Idea. Retrieved 2010, May, 25 from http://www. library.wisc.edu/etext/WIReader/WER1650-0.html.

Madisonville Community College: MCC(n.d.). http://www.madisonville.kctcs.edu(Date of Access: 2010.11.5).

Mancuso Susan(2001). Adult Centered Practices Bench marketing Study In Higher

Education. Innovative Higher Education 25.

Mcguire, M. (2004). A report on issues, barriers and best practices related to PLAR and the advancement of internationally educated nurses and practical nurses into professional nursing education, registered nurse licensure and employment. Calgary: Mount Royal College.

Michelson, E.(1996). 'Beyond Galileo' telescope: Situated knowledge and the assessment of experiential learning' Adult Education Quarterly, vol. 46(4), pp.185-196.

Mischler, C. & Davenport, M.(1984). Faculty and student attitudes towards the mixed-age college class. Green Bay: University of Wisconsin-Green Bay Assessment Center. Retrieved from ERIC database(ED 250988).

NCES(2002). Nontraditional Undergraduates. Washington D.C.: Author.

NCES(2008). Community Colleges Special Supplement to The Condition of Education 2008. Washington D.C.: NCES.

NCES(2009). Digest of Education Statistics 2009. Washington D.C.: Author.

NCES(2010). Digest of Education Statistics 2010. Washington D.C.: NCES.

NJBIA(n.d.). http://www.njbia.org/resources/worktrain2.asp(Date of Access: April 1, 2010).

Pearson, W.(2000). Enhancing adult student persistence: The relationship between prior learning assessment and persistence toward the baccalaureate degree. Ph.D diss., Iowa State University.

Ross-Gordon, J. M.(2003). Adult learners in the classroom. New Directions for Student Services, 102, pp.43-52.

Salem Community College(n.d.). http://www.salemcc.edu/student-services/index.html (Date of Access: 2010. 11. 25).

Scrivener et al.(2008). A good start: Two-year effects of a freshmen learning community program at Kingsborough Community College. New York, N.Y.: MDRC.

Social Policy Research Associates(2004). The Workforce Investment Act After Five Years: Results from the National Evaluation of the Implementation of WIA. Prepared for the US. Department of Labor.

Thelin, J. R.(2004). A History of American Higher Education. Baltimore and London: The Johns Hopkins University Press.

The Collegeboard,(n.d.). http://www.collegeboard.com/student/testing/ap/subjects.html(Date

of Access: August 10, 2010).

US Department of Labor(1998). Workforce Investment Act of 1998. Washington D.C.: US DOE.

US DOL(n.d.). http://www.doleta.gov/programs/factsht/wialaw.cfm(Date of Access: March 5, 2010).

UW Colleges & UW-Extension(2008). Adult Student Initiative: Opening Doors for Adults To Earn a UW Degree. Retrieved, March 15, 2010, from https://uwin.wisconsin.edu/files/overview.pdf.

Whitaker, U.(1989). Assessing learning: Standards, principles and procedures for good practice. Philadelphia: Council for Adult and Experiential Learning.

김지일

서울교육대학교를 졸업하고, 한양대학교에서 교육공학으로 석·박사 학위를 받았다. 현재 한림대학교 교직과 교수로 재직 중이며, 2009년부터 현재까지 서울특별시 여성인력개발기관 평가단장을 맡고 있다. 또한 교육과학기술부 평생교육 정책 자문위원을 역임했다.
주요 관심 분야는 '대학에서의 교수법', '저소득층 아동에 대한 교육 지원', '스마트러닝', '평생교육 프로그램 설계'이다.
주요 저서로는 『디렉터를 활용한 멀티미디어 설계』, 『인지과학 기반의 교수설계 모형: 4C/ID』, 『CSILE에서의 탐구과정 지원방식의 효과』 등이 있다.

이지혜

서울대학교 교육학과를 졸업하고, 동 대학원에서 평생교육 전공으로 석·박사 학위를 받았다. 현재 한림대학교 교직과 교수로 재직 중이며, 문화체육관광부 산하 청소년육성위원회 전문위원과 한국교육개발원 평생교육센터 부연구위원을 역임하였다.
주요 관심 분야는 '문해교육', '성인학습', '교육복지' 등이다.
주요 저서로는 『학습사회의 교육』(공저), 『한국의 문해교육』(공저)이 있다.

대학에서의
성인학습 지원

초 판 인 쇄 | 2012년 12월 7일
초 판 발 행 | 2012년 12월 7일

지 은 이 | 김지일, 이지혜
펴 낸 이 | 채종준
펴 낸 곳 | 한국학술정보㈜
주   소 | 경기도 파주시 문발동 파주출판문화정보산업단지 513-5
전   화 | 031) 908-3181(대표)
팩   스 | 031) 908-3189
홈 페 이 지 | http://ebook.kstudy.com
E - m a i l | 출판사업부 publish@kstudy.com
등   록 | 제일산-115호(2000. 6. 19)

ISBN   978-89-268-3966-9 93370 (Paper Book)
           978-89-268-3967-6 95370 (e-Book)

이 책은 한국학술정보(주)와 저작자의 지적 재산으로서 무단 전재와 복제를 금합니다.
책에 대한 더 나은 생각, 끊임없는 고민, 독자를 생각하는 마음으로 보다 좋은 책을 만들어갑니다.